Inhaltsverzeichnis

Ein Tepperwein-Kompaktbuch

Es ist heute üblich geworden, sehr wenig Information in sehr viele Worte zu verpacken und dadurch die Geduld des Lesers zu strapazieren und seine Zeit zu verschwenden. Ich bemühe mich, den umgekehrten Weg zu gehen und Ihnen mit wenigen Worten viel Information zu vermitteln. Dazu war es erforderlich, ein Manuskript von einigen hundert Seiten auf das Wesentliche zu kürzen und trotzdem leicht verständlich zu bleiben. Das Ergebnis dieser Bemühungen liegt nun vor Ihnen und macht es möglich, die gesamte Information zusammenhängend zu lesen und aufzunehmen.

Kurt Tepperwein

Dein spirituelles Check Up

//////////////////////// SILBERSCHNUR ////////////////////////

© Verlag »Die Silberschnur«

ISBN 3-931 652-20-3

2. überarbeitete Auflage 1997 (1. Auflage 1988 by RVA Rubin Verlagsanstalt)

Covergestaltung: d t p XPresentation, Boppard
Druck: Kossuth Druckerei AG, Ungarn

Verlag „Die Silberschur" · Steinstraße 1 · D-56593 Güllesheim

Vorwort

In diesem Buch möchte ich Ihnen Tests vorstellen, die sich zumeist aus meiner Praxis entwickelt und sich dort über Jahre hinaus bewährt haben. Dabei habe ich stets den Tests den Vorzug gegeben, die mit möglichst einfachen Mitteln klare Aussagen erbrachten und die jeder, ohne umfassendes Studium, sofort versteht. Das Ergebnis ist meist ein spontanes Erfassen der individuellen Situation oder des speziellen Mangels, wobei man alle Tests ebenso zuverlässig auf andere Menschen anwenden kann wie auf sich selbst.

Man sollte nämlich nicht nur seinen Wagen regelmässig zur Inspektion bringen, sondern auch in regelmässigen Abständen seine eigene Situation überprüfen. Dazu ist es aber erforderlich, dass man sich mit Hilfe des Tests die Ergebnisse selbst erarbeitet, denn nur was man selbst durchdacht, analysiert und verarbeitet hat, wird echtes Wissen. Alle anderen Informationen sind «Buchweisheiten», die für das tägliche Leben keinen praktischen Nutzen haben, denn «intellektuelle Einsichten allein verändern unser Verhalten nicht».

Erst die praktische Anwendung der Erkenntnisse im täglichen Leben lässt uns wirklich wachsen und reifen — wir werden «erwachsen» und nicht nur älter. Doch die meisten Menschen wissen nicht einmal, was sie wirklich wollen, weil sie ihre eigenen Probleme nie exakt definiert haben. Dabei ist es aber unmöglich, eine Lösung zu finden, wenn ich mein Problem nicht erkenne.

Die folgenden Tests werden Ihnen helfen, nicht nur Ihre Situation zu klären, sondern auch Probleme deutlicher zu erkennen, damit Sie sie lösen können. Doch auch Ihre Stärken werden Ihnen so deutlich gezeigt, dass Sie sie bewusst einsetzen können, um die Aufgaben Ihres Lebens leichter zu meistern.

Der Konflikt-Test

Dieser Test hilft Ihnen zunächst einmal, Ihre Probleme klar zu erkennen und exakt zu definieren.

Unser heutiges Gesundheitswesen ist ganz auf die Krankheit abgestimmt, anstatt auf die Gesundheit, wie es eigentlich sein sollte. Aber die Krankheit ist bereits die Endstufe einer Störung, die nicht erkannt oder unterdrückt wurde.

Eine «funktionelle» Krankheit bedeutet, dass Sie ein geistig-seelisches Problem haben, das Ihnen Ihr Organismus in seiner Sprache bewusst machen möchte, damit Sie es lösen können.

Die Behandlung sollte sich jedoch nicht nur auf die Regulierung der körperlichen Vorgänge beziehen, denn Körper, Seele und Geist bilden eine Einheit, und eine Störung in dem einen Bereich wirkt sich stets auch auf die anderen Bereiche aus. Beantworten Sie bitte alle Fragen möglichst spontan, damit der Intellekt nicht gleich Korrekturen vornehmen kann und das Ergebnis verändert.

Natürlich genügt es nicht, sein Problem genau zu kennen, man muss dann auch geeignete Schritte unternehmen, um es zu lösen. Der erste Schritt aber sollte immer sein, zunächst festzustellen, worin das Problem eigentlich besteht.

Die Beantwortung der folgenden Fragen zeigt Ihnen, wo Sie aus der Ordnung gefallen sind und was zu tun ist, damit Sie wieder ganz «in Ordnung» sind.

Fragebogen zur Konfliktanalyse

1. Was fehlt Ihnen?

Welche Beschwerden haben Sie?
Welche Krankheiten hatten Sie früher?
Was sind Ihre Schwachstellen?

2. Was ist Ihr grösstes Problem?

Was war Ihre grösste Enttäuschung?
Was war Ihr schlimmstes Erlebnis?
Haben oder hatten Sie Schuldgefühle?

3. Wer oder was stört Sie am meisten?

Warum stört es Sie so sehr?
Können Sie es ändern?
Können Sie Ihre Einstellung dazu ändern?

4. Haben oder hatten Sie Angst?

Wovor haben/hatten Sie Angst?
Ist die Angst begründet?
Ist die Angst aufgelöst?

5. Wen oder was lieben Sie am meisten?

Warum lieben Sie es so?
Wollen Sie haben oder wollen Sie geben?
Erfreut oder belastet Sie diese Liebe?

6. Was ist oder war Ihr grösster Wunsch?

Warum haben oder hatten Sie diesen Wunsch?
Werden Sie diesen Wunsch verwirklichen können?
Was fehlt Ihnen zur Verwirklichung?

7. Was würden Sie anders machen?

Wenn Sie das Leben noch einmal beginnen dürften?
Wenn Sie ganz gesund wären?
Was hindert Sie daran, es von nun an anders zu machen?

Der Tätigkeits-Test

Dieser einfache Test zeigt Ihnen mit überraschender Klarheit, auf welchen Bereich Sie in Ihrem Leben besonderen Wert legen, aber auch, welcher Bereich vernachlässigt wird. Meist ist es so, dass unter «sehr gern» und «gern» Tätigkeiten aus dem Bereich des Hobbys angegeben werden, woraus wir erkennen können, dass der Beruf mehr oder weniger als lästige Pflicht angesehen wird. Doch auch das Gegenteil kann der Fall sein, dass also die berufliche Tätigkeit im Vordergrund steht. Hier ist zu prüfen, ob nicht ein überbetontes Verantwortungsgefühl vorliegt oder gar schon ein Fall von Arbeitssucht, denn man kann tatsächlich eine solche Arbeitssucht entwickeln, dass man ausserhalb des Arbeitsbereiches nichts mehr mit sich anfangen kann. Wird ein solcher Mensch pensioniert, bricht er oft völlig zusammen.

Doch nicht nur die Überbetonungen haben eine starke Aussage, sondern auch das, was weggelassen wurde. Wenn jemand z. B. im gesamten seine Familie überhaupt nie erwähnt, dann können Sie davon ausgehen, dass sie in seinem Leben wirklich keinen Platz hat. Das Gleiche gilt, wenn z.B. alles, was mit einem Partner zusammenhängt, nicht erwähnt wird, also Tanzen, Küssen, Schmusen usw. Es zeigt, dass man zur Partnerschaft oder Sexualität keine richtige Beziehung hat.

Interessant ist auch zu sehen, ob jemand besonders viel in den beiden ersten Spalten notiert, also vieles sehr gern oder doch zumindest gern tut. Sie erkennen daran den lebensbejahenden Menschen, der meist auch optimistisch durchs Leben geht. Ganz anders sieht es aus, wenn in den ersten Spalten fast nichts notiert ist, aber viel in den beiden letzten Spalten. Hier handelt es sich also offensichtlich um einen Menschen, der des Lebens überdrüssig ist, dem alles zuviel ist, ja bei besonderer Betonung dieser Bereiche müssen wir prüfen, ob er überhaupt lebensfähig ist oder ob er eventuell bereits selbstmordgefährdet ist.

Sind alle Spalten spärlich ausgefüllt, dann hat der Betreffende entweder zuwenig Phantasie oder sein Gefühlsleben ist stark eingeschränkt. Auf jeden Fall ist sein Leben verarmt, hat weder Höhen noch Tiefen.

Sie sehen, dieser Test kann schon sehr viel aussagen, und Sie sollten ihn ruhig auch einmal selbst machen.

Anschliessend finden Sie noch einige Beispiele:

Bitte notieren Sie hier alle Tätigkeiten Ihres Lebens und sortieren Sie diese in die vier Rubriken ein. Überlegen Sie aber nicht zuerst, was Sie sehr gern tun, dann was Sie gern tun usw., sondern so, wie Ihnen die Tätigkeiten einfallen, schreiben Sie sie in die entsprechende Rubrik.

SEHR GERN

GERN

UNGERN

SEHR UNGERN

Testperson männlich, 50 Jahre

Bitte notieren Sie hier alle Tätigkeiten Ihres Lebens und sortieren Sie diese in die vier Rubriken ein. Überlegen Sie aber nicht zuerst, was Sie sehr gern tun, dann was Sie gern tun usw., sondern so, wie Ihnen die Tätigkeiten einfallen, schreiben Sie sie in die entsprechende Rubrik.

SEHR GERN

DENKEN, LESEN, PROBLEME LÖSEN,
MEDITIEREN, LERNEN, NEUE MÖGLICHKEITEN
ANDENKEN, DINGE ORDNEN, DISKUTIEREN
WENN ES GEISTIGE THEMEN r PARTNER SIND,
ETWAS VEREINFACHEN, NEUE ERKENNTNISE
BEKOMMEN, WACHTRÄUMEN, DIE ZEIT NUTZEN.

GERN

IN DER SONNE LIEGEN, WANDERN
SCHWIMMEN, ERZÄHLEN, HELFEN.
SCHREIBEN, FERNSEHEN BESONDERS SCIENCE-FIKTION,
MIT FRAU UND TOCHTER ETWAS TUN, AUTO FAHREN.
GUTE MUSIK HÖREN, - RAD FAHREN,
PHOTOGRAPHIEREN. ETWAS FÜR MUTTER / SCHWESTER TUN,

UNGERN

NEIN SAGEN, BLA-BLA ANHÖREN,
NEGATIVE ODER DESTRUKTIVE ÄUSSERUNGEN
ANHÖREN, BUCHHALTUNG, STEUERN ZAHLEN,
AUTO ODER FAHRRAD PUTZEN,

SEHR UNGERN

ZUVIEL GLEICHZEITIG TUN MÜSSEN, NICHT
HELFEN, WO ICH ES KÖNNTE, ABER EIGENTLICH
RUHE BRAUCHTE, STEUERERKLÄRUNG ABGEBEN,
SCHNUPFEN HABEN,

Hierbei handelt es sich offensichtlich um eine Person, bei der die geistigen Interessen im Vordergrund stehen und das Leben bestimmen, obwohl auch die Intuition nicht zu kurz kommt. Es könnte allerdings sein, dass der Bereich der Arbeit etwas überbetont ist, wie aus den Antworten der Spalte «Sehr ungern» zu erkennen ist. Doch sind ausreichend erholende Tätigkeiten angegeben, so dass man vermuten kann, dass ein gewisser Ausgleich immer gegeben oder doch zumindest angestrebt wird.

Aus der Spalte «Ungern» ist zu ersehen, dass eine gewisse Ungeduld gegenüber Menschen bestehen könnte, die ihre Gedanken noch nicht präzise oder positiv genug ausdrücken. Hier sollte das Verständnis gefördert werden für den, der in seiner Entwicklung noch nicht so weit fortgeschritten ist. Allerdings sollte man auch für die getestete Person Verständnis haben, weil sie offensichtlich sehr ökonomisch mit ihrer Zeit umzugehen gelernt hat, wie aus der letzten Antwort der Spalte «Sehr gern» zu erkennen ist, und sie daher jede Zeitverschwendung ablehnt.

Betont wird ausserdem der Familiensinn, und zwar für Mutter und Schwester und zum anderen auch im Zusammenhang mit Frau und Tochter. Daraus kann man schliessen, dass hier eine Ebene der Erfüllung gefunden wurde, die viel Stabilität in das Leben dieser Person bringt.

Auch kann man sehen, dass es sich um eine Person handeln muss, die eine starke Aktivität hat und es versteht, ihre Dynamik auf geistige und physische Bereiche zu verteilen. (Siehe hierzu in der Spalte «Sehr gern»: Denken, lesen, lernen, meditieren usw., aber auch in der Spalte «Gern»: Rad fahren und Auto fahren und wandern).

Ausserdem ist ein starkes Pflichtbewusstsein aus den Antworten ersichtlich, z.B. aus der Antwort: Ungern nein zu sagen in der Spalte «Ungern» oder sehr ungern nicht zu helfen, wo er könnte, aber eigentlich Ruhe braucht. So positiv im allgemeinen ein starkes Pflichtbewusstsein zu bewerten ist, so sollte hier doch etwas gedämpft werden, denn sonst kommt es zu einer weiteren Belastung und der Notwendigkeit, noch mehr gleichzeitig tun zu müssen, wie in der Spalte «Sehr ungern» angegeben. Alles in allem eine harmonische Persönlichkeit mit einigen Überbetonungen, die noch abzubauen sind.

Testperson weiblich, 22 Jahre

Bitte notieren Sie hier alle Tätigkeiten Ihres Lebens und sortieren Sie diese in die vier Rubriken ein. Überlegen Sie aber nicht zuerst, was Sie sehr gern tun, dann was Sie gern tun usw., sondern so, wie Ihnen die Tätigkeiten einfallen, schreiben Sie sie in die entsprechende Rubrik.

SEHR GERN Über grenzenlosen schlafen unterhalten, an meiner Bildung arbeiten, spontane Entscheidungen, an steilen Klippen blettern, Zelten, Motorrad fahren, Reiten, im Meer schnorcheln, tanzen, segeln, surfen, mich fremden Leuten unterhalten, Geschäfte ansehen, Reisen, Musik hören und träumen,

---

GERN wandern (mit Hunden), einkaufen gehen, lesen, in der Sonne liegen, absichtlich „Dummheiten" machen Fern sehen, Kino, Essen gehen,

---

UNGERN Auto waschen, Bla - Bla anhören

SEHR UNGERN Bügeln, Briefe schreiben, Beifahrer auf dem Motorrad sein, Menschen oder Tiere absichtlich verletzen, die Zeit völlig unnütz vertun, mehr als 50 Kilo zu wiegen streiten, Erkenntnisse nicht in die Tat umzusetzen, in eine „Kneipe" gehen, an den Fingernägeln kauen, mich wie das „5. Rad am Wagen" fühlen, Gefühle vortäuschen Krank sein,

16

Diese junge Dame wird ihren Weg gehen im Leben, auch wenn sie es sich nicht immer ganz leicht macht. Sie hat vielseitige Interessen, wie an den Antworten aus der Spalte «Sehr gern» zu erkennen ist: «An meiner Bildung arbeiten, über Grenzwissenschaften unterhalten». Schwieriger wird es dadurch, dass sie zu spontanen Entschlüssen neigt und auch bereit ist, einmal absichtlich Dummheiten zu machen. Weiter kann man einen Hinweis auf Schwierigkeiten in der Spalte «Sehr ungern» finden, wo es heisst: «An den Fingernägel kauen», was immer als Hinweis für Spannungen in der unmittelbaren Umgebung verstanden werden kann.

Ansonsten ist sie aufgeschlossen, macht gern alles mit und ist so richtig ein Kamerad, mit dem man durch dick und dünn gehen kann und auf den man sich auch in schwierigen Situationen verlassen kann.

Weniger gut gefällt ihr, sich wie das fünfte Rad am Wagen zu fühlen, sie braucht also die Beachtung durch das Gegenüber. Sie achtet auch auf ihr Gewicht, was ein Hinweis auf eine gewisse Eitelkeit sein kann, wie auch das Bestreben, anderen zu gefallen.

Auf jeden Fall ist sie aufrichtig, wie der Hinweis in der Spalte «Sehr ungern» zeigt: «Gefühle vortäuschen». Ausserdem finden wir in dieser Spalte einen Hinweis auf die Liebe zu den Menschen und auch zu den Tieren, welcher für ein weiches Herz spricht.

Die Bemerkung «Sehr ungern Beifahrer auf dem Motorrad sein» müsste durch Rückfragen geklärt werden. Es kann der Wunsch sein, sein Leben und die Richtung selbst bestimmen zu können, verbunden mit der Abneigung, jemandem oder einer Situation ausgeliefert zu sein, ohne eingreifen zu können.

Die sportlichen Tätigkeiten werden stark betont, sogar in der Spalte «Sehr gern», so dass es sich um einen aufgeschlossenen, sportlichen Menschen handeln muss, der aber auch seine ruhigen Seiten hat, wie die Antwort in der gleichen Spalte zeigt (Musik hören und träumen).

Zusammenfassend kann man sagen: Ein patentes Mädchen, dass man gern als Freundin oder Partnerin hat, zuverlässig, wenn auch ein bisschen eigensinnig. Gelegentliche Schwierigkeiten werden sich wegen der absichtlichen Dummheiten, aber auch wegen der Schwierigkeiten, Erkenntnisse auch in die Tat umzusetzen, nicht vermeiden lassen. Dabei braucht man Dummheiten nicht zu wiederholen, denn schliesslich ist die Auswahl gross genug.

Testperson Mädchen, 13 Jahre

Bitte notieren Sie hier alle Tätigkeiten Ihres Lebens und sortieren Sie diese in die vier Rubriken ein. Überlegen Sie aber nicht zuerst, was Sie sehr gern tun, dann was Sie gern tun usw., sondern so, wie Ihnen die Tätigkeiten einfallen, schreiben Sie sie in die entsprechende Rubrik.

SEHR GERN mit Susanne spielen, reiten, turnen, Musik hören, lesen, Fernsehen gucken, mit Tieren zusammen sein, träumen, und am allerliebsten bin ich in der Natur z. B. im Wald, schöne Gedanken haben, Kirschen oder Himbeeren essen

GERN In die Schule gehen, anstreichen, Pflanzen pflanzen, im Bett liegen, basteln, malen, Carmen ärgern, rätseln

UNGERN viele Hausaufgaben, Spülmaschine ausräumen,

SEHR UNGERN morden, quälen

19

Aus diesem Testbogen erkennen wir ohne Zweifel, dass es sich hier um ein glückliches junges Mädchen handelt, denn fast alle Aussagen stehen in den Rubriken «Sehr gern» und «Gern», wobei «Sehr gern» noch stark überwiegt. So etwa sollte das Leben aussehen, wenn man noch jung ist und die «Lebensprobleme» noch darin bestehen, dass man sich auf die Mathe-Arbeit von morgen noch nicht genügend vorbereitet hat, oder in der Frage, wie man mit seiner neuen Freundin mehr Zeit verbringen kann.

Pflichten sind noch nicht viele vorhanden, wie man aus der Spalte «Ungern» ersehen kann, und die wenigen werden etwas widerwillig ausgeführt und als Störung empfunden. Schön ist auch diese Naturverbundenheit, die ganz deutlich zum Ausdruck kommt, und die Liebe zu den Tieren. Darin zeigt sich ein reines, gutes Herz. Erstaunlich auch, dass sie gern zur Schule geht, obwohl sie gern aktiv ist, wie aus den vielen angeführten aktiven Tätigkeiten zu erkennen ist. Doch auch die ruhigere und besinnliche Seite des Lebens kommt nicht zu kurz, was wir daran sehen, dass sie gern Musik hört oder träumt und dass sie «schöne Gedanken haben» anführt, was ihr sicher nicht eingefallen wäre, würde es nicht häufiger der Fall sein.

Auffallend ist in der Spalte «Sehr ungern» die Eintragung «Morden, Quälen». Das schien darauf hinzudeuten, dass Eindrücke aus dem Fernsehen hier eine ungute Spur hinterlassen haben. Die Befragung jedoch zeigte, dass ihre Katze erst kürzlich überfahren worden war und sie einen ebenfalls überfahrenen Vogel auf der Strasse gefunden hatte. Beides, besonders wohl der Tod ihrer Katze, hat sie tief beeindruckt und daher kam die Eintragung.

Alles zusammen ergibt das Bild eines glücklichen jungen Mädchens, das in harmonischer Umgebung aufwächst, so dass sie die Liebe zur Natur und den Tieren auch ausleben kann. Die Pflichten werden zwar nicht ausreichend ernst genommen — und hier sollte etwas mehr Bewusstsein darauf hingelenkt werden, weil das Leben eben auch aus Pflichten besteht — aber sie ist noch jung genug, um das rechtzeitig zu lernen, wenn die Eltern es verstehen, ihr dies liebevoll nahezubringen. Den Tod ihrer Katze wird sie bald überwunden haben, so dass sich das Leben ihr wieder ganz von der schönen Seite zeigt.

Der Satzergänzungs-Test

Dieser Text besticht dadurch, dass die Antworten für sich sprechen und eigentlich keines Kommentars bedürfen, weshalb ich hier nur ein Beispiel bringe. Machen Sie einmal selbst diesen Test und lassen Sie sich von Ihren eigenen Antworten überraschen. Sie haben dann das beste Beispiel dafür, dass man hierbei sofort erkennt, wo es fehlt und was zu tun ist. Natürlich ist die Erkenntnis nur der erste Schritt. Viel schwieriger ist es meist, die gewonnene Erkenntnis auch in die Tat umzusetzen. Hierbei kann es eine wichtige Hilfe sein, wenn Sie sich selbst weitere Fragen ausdenken und sich dann die Antworten geben. Auf diese Weise können Sie Ihre individuellen Probleme immer präziser einkreisen und haben zuletzt ganz detaillierte Antworten. Schliesslich kennt kein Therapeut Ihre Situation so gründlich wie Sie selbst, und letztlich ist auch niemand an Ihrem Wohlergehen so sehr interessiert wie Sie selbst.

Ich habe diesen Test so setzen lassen, dass Sie sich einfach eine Kopie oder mehrere von den nächsten Seiten machen lassen können und so immer gleich Testformulare parat haben. Es ist auch interessant, diesen Test nach einigen Monaten oder nach einschneidenden Ereignissen im Leben einmal zu wiederholen. Sie werden überrascht feststellen, dass sich Ihre Ansichten in kurzer Zeit stark ändern können, oft sogar ins Gegenteil umschlagen.

Ausserdem kann man diesen Test auch schon mit Kindern machen, wenn Sie sich bei ganz kleinen Kindern die Mühe machen, die Fragen kindgerecht umzuformulieren. Dann können Sie diesen Test mit Kindern anwenden, die selbst noch nicht schreiben können. Ich habe einige Versuche mit Kindern im Vorschulalter gemacht und war überrascht, wie aussagekräftig die Antworten sind.

Wenn Sie diesen Test optimal nutzen, machen Sie daraus einen «Massanzug» für Ihre jeweilige Situation, und auf die Antworten können Sie sich verlassen. Schliesslich stammen sie von einem Experten für Ihre Situation, von Ihnen selbst.

1.) Wenn ich an meine Eltern denke, freue ich mich, weil

2.) Hätten meine Eltern nicht so viel Druck auf mich ausgeübt, wäre ich heute

3.) Ich bin nicht gern in Gesellschaft anderer Menschen, weil

4.) Ich bin froh, dass ich gerade diesen Beruf gewählt habe, weil

5.) Mir fehlt leider oft die Kraft, um zu

6.) Ich scheue das Risiko nicht, denn

7.) Nichts belastet mich so sehr, wie

8.) Mein Beruf macht mir doch einigen Kummer, weil

9.) Ich suche die Gesellschaft anderer Menschen, weil

10.) Ich habe stets Kraft genug, um

11.) Ich habe meist Bedenken, etwas zu riskieren, weil

12.) Egoismus ist erforderlich, weil

13.) Ich brauche die Anerkennung durch andere Menschen, weil

14.) Vorgesetzte und Autoritäten erkenne ich stets an, denn

15.) Man sollte nicht immer nur an sich denken, denn

16.) Mir ist völlig gleich, wie Andere über mich denken, denn

17.) Ich gehe unbeirrt meinen Weg, auch wenn

18.) Man sollte sich keineswegs alles gefallen lassen, denn

19.) Jede Autorität macht mich richtig aggressiv, weil

20.) Es ist schwer, den Mut nicht zu verlieren, wenn

21.) Manchmal erkenne ich, dass meine Kraft nicht ausreicht, um

22.) Ich brauche im Leben immer ein Vorbild, weil

23.) Ich habe stets genügend Zeit, um

_____

24.) Ich rege mich immer auf, wenn

_____

25.) Manchmal reicht mein Geld nicht aus, um

_____

26.) Mitunter muss man auch unbequeme Umstände akzeptieren, weil

_____

27.) Oft denke ich, man müßte mehr Zeit haben für

_____

28.) Ich bleibe in jeder Situation ruhig und gelassen, weil

_____

29.) Ich kann mich mit Vielem nur schwer abfinden, weil

_____

30.) Ich habe nur wenige Freunde, denn

_____

31.) Ich habe oft Angst vor der Zukunft, denn

_____

32.) Ich bin eigentlich recht zufrieden mit meinem Leben, denn

_____

33.) Meine geistige Entwicklung macht gute Fortschritte, denn

_____

34.) Oft merke ich, dass ich einen zu schwachen Willen habe, um

35.) Manchmal erkenne ich, dass ich kein klares Ziel habe im Leben, denn

36.) Ich akzeptiere mich so, wie ich nun einmal bin, denn

37.) Ich nehme die Dinge wie sie kommen, denn

38.) Ich müsste mehr für meine eigene Entwicklung tun, denn

39.) Ich erkenne ganz klar die Aufgaben, die mir das Leben stellt, und

40.) Ich schaue optimistisch in die Zukunft, auch wenn

1.) Wenn ich an meine Eltern denke, freue ich mich, weil ICH EINE SO SCHÖNE JUGEND HATTE

2.) Hätten meine Eltern nicht soviel Druck Auf mich ausgeübt, wäre ich heute NOCH NICHT SO WEIT IN MEINER ENTWICKLUNG

3.) Ich bin nicht gern in Gesellschaft anderer Menschen, weil DA DOCH MEIST ÜBER UNWICHTIGES GESPROCHEN WIRD.

4.) Ich bin froh, dass ich gerade diesen Beruf gewählt habe, weil ICH DARIN MEINE LEBENSAUFGABE ERKENNE

5.) Mit fehlt leider oft die Kraft um zu NOCH MEHR ZU ARBEITEN.

6.) Ich scheue das Risiko nicht, denn NUR WER WAGT, GEWINNT.

7.) Nichts belastet mich so sehr, wie ZUVIEL GLEICHZEITIG TUN ZU MÜSSEN (WOLLEN).

8.) Mein Beruf macht mir doch einigen Kummer, weil ICH OFT SCHON MÜDE BIN, BEVOR ALLES GESCHAFFT IST.

9.) Ich suche die Gesellschaft anderer Menschen, weil ICH AUF INTERESSANTE BEGEGNUNGEN HOFFE.

10) Ich habe stets Kraft genug, um ALLES WICHTIGE ZU SCHAFFEN.

11) Ich habe meist Bedenken, etwas zu riskieren, weil WENN DAS RISIKO GRÖSSER IST, ALS DIE CHANCE.

12) Egoismus ist erforderlich, weil WIR SELBST, ALSO UNSERE EIGENE ENTWICKLUNG UNSERE HAUPTAUFGABE IST.

13) Ich brauche die Anerkennung durch andere Menschen, weil ICH DARAN ERKENNEN KANN, OB MICH LOB NOCH BERÜHRT.

14) Vorgesetze und Autoritäten erkenne ich stets an, denn. WEIL
ET WAS LEISTET, HAT ANERKENNUNG VERDIENT.
....

15) Man sollte nicht immer nur an sich denken, denn. WIR SIND
ALLE EINS

16) Mir ist es völlig gleich, wie Andere über mich denken, denn.
ICH MUSS MEINEM GEWISSEN FOLGEN.

17) Ich gehe unbeirrt meinen Weg, auch wenn. ALLE PFUI SCHREIEN.

18) Man sollte sich keineswegs alles gefallen lassen, denn. MAN
SOLL SEINE BERECHTIGTEN INTERESSEN WAHREN.

19) Jede Autorität macht mich richtig aggressiv, weil. OFT NUR
MACHT DAHINTER STEHT, STATT KÖNNEN.

2o) Es ist nicht einfach, den Mut nicht zu verlieren, wenn. MAN
ALLES SCHIEF LÄUFT, ABER ICH WEISS JA, DAS DAS
SCHICKSAL NICHT MEHR FORDERT, ALS ICH GEBEN KANN.

21) Ich brauche im Leben immer ein Vorbild, weil. ICH MEIN
VERHALTEN NACH DEM IDEAL AUSRICHTE

22) Manchmal erkenne ich, dass meine Kraft nicht ausreicht, um.
STETS MEINEM INNEREN ~~MEISTER~~ GEISTIGE MEISTER ZU FOLGEN.

23) Ich habe stets genügend Zeit, um. FÜR MEINE ENTWICKLUNG.

24) Ich rege mich immer auf, wenn. ICH DIE INNERE RUHE
VERLIERE. (WAS SELTEN VORKOMMT)

25) Manchmal reicht mein Geld nicht aus um. ALLE VERPFLICHTUNGEN
ZU ERFÜLLEN, OBWOHL MEINE ANSPRÜCHE NICHT HOCH
SIND.

26) Mitunter muss man auch unbequeme Umstände akzeptieren, weil
DAS LEBEN NICHT DAZU DA IST, UM SPASS ZU
MACHEN

28

27) Oft denke ich, man müsste mehr Zeit haben für.. DIE EIGENE
GEISTIGE ENTWICKLUNG

28) Ich bleibe in jeder Situation ruhig und gelassen, weil.. ICH WEISS, DASS ES EINE AUFGABE IST, SIE ZU MEISTERN

29) Ich kann mich mit Vielem nur schwer abfinden, weil. ES SO VIEL SCHÖNER SEIN KÖNNTE, WENN DIE MENSCHEN NUR WOLLTEN

3o) Ich habe nur wenig Freunde, denn.. ES IST SCHON EIN GLÜCK, AUCH NUR EINEN WAHREN FREUND ZU HABEN

31) Ich habe oft Angst vor der Zukunft, denn (HAB ICH NICHT)

32) Ich bin eigentlich recht zufrieden mit meinem Leben, denn ES GEHT SCHRITT FÜR SCHRITT AUFWÄRTS

33) Meine geistige Entwicklung macht gute Fortschritte, denn. ICH HABE STETS DAS ZIEL VOR AUGEN

34) Oft merke ich, dass ich einen zuschwachen Willen habe, um WIRKLICH IMMER DAS ABSOLUT RICHTIGE ZU TUN

35) Manchmal erkenne ich, dass ich kein klares Ziel habe im Leben, denn.. (ICH HABE EIN KLARES ZIEL)

36) Ich akzeptiere michso, wie ich nun einmal bin, denn. ICH SORGE DAFÜR, DASS ICH SO WERDE, WIE ICH AM LIEBSTEN SEIN MÖCHTE (UND SOLLTE)

37) Ich nehme die Dinge wie sie kommen, denn. ICH HABE SIE JA SELBST VERURSACHT.

38) Ich müsste mehr für meine eigene Entwicklung tun, denn.. JEDER TAG IST KOSTBAR.

39) Ich erkenne ganz klar die Augaben, die mir das Leben stellt, und.. ERFÜLLE SIE!

4o) Ich schaue optimistisch in die Zukunft, auch wenn. DIE ANDEREN SCHWARZ MALEN, DENN WIR ALLE SIND EIN TEIL DER HARMONIE DER SCHÖPFUNG

29

Der Ruderboot-Test

Der Aufsatz «Ich bin ein Ruderboot» gehört zu den besten Tests, die ich kenne, weil jeder unbemerkt seine Situation in die Beschreibung des Ruderbootes hineinprojiziert. Im Laufe der Jahre habe ich mehr als tausend solcher Tests ausgewertet und war immer überrascht, wie deutlich die Aussagen stets sind, wenn man einmal einen Blick für das Wesentliche bekommen hat. Deshalb habe ich bei einigen Aufsätzen die wichtigsten Aussagen angestrichen, obwohl natürlich jedes Wort eine Aussage ist.

Ein Symbol, das immer wieder vorkommt und das jeder versteht, auch wenn er noch keine Übung in der Auswertung hat, ist der Satz «Ich liege angekettet am Ufer». Hier ist also deutlich gesagt, dass die Testperson in ihrer Freiheit behindert ist, zumindest zur Zeit, und eigentlich etwas anderes möchte.

Eine andere, leider sehr häufige Aussage ist «Ich bin morsch und falle bald auseinander». Hier wird deutlich gesagt, dass jemand seine Aufgabe nicht mehr lange erfüllen kann, dass er überfordert ist und Hilfe braucht. Mitunter ist das Ereignis schon geschehen und wird dann etwa so beschrieben: «Ich bin schon seit einem Jahr gesunken und warte darauf, dass mich jemand raufholt». Eine solche Aussage kann man wohl nicht missverstehen.

Doch es wird auch oft gesagt «Ich bin glücklich, ein Ruderboot zu sein», was deutlich zeigt, dass dieser Mensch seine Situation bejaht und sich wohl fühlt, wenngleich mitunter in einem Nebensatz eine kleine Einschränkung gemacht wird, etwa mit den Worten «Ich bin glücklich ein Ruderboot zu sein, nur manchmal da...», und hier folgt dann die spezielle Aussage.

Mitunter aber ist die Angst so gross, dass sich der ganze Aufsatz auf die Aussage beschränkt «Ich habe Angst, dass ich untergehe». Noch schlimmer wird es, wenn jemand schreibt: «Ich habe grosse Angst und will nur auf die andere Seite, um Gefahren auszuweichen». Hier muss man mit einer akuten Gefährdung durch Selbstmord rechnen. Manche Ruderboote haben sogar Flügel, die Person erhebt sich also geistig über die Gegebenheiten und hat dadurch ihre Möglichkeiten stark erweitert. Hier muss man natürlich aufpassen, dass man nicht den Boden unter den Füssen verliert und ganz abhebt. Ganz selten bekommt man dann ein Ruderboot zu sehen, bei dem man erkennen kann, dass hier ein Mensch zu höchstem Bewusstsein erwacht ist. Das zeigt sich dadurch, dass Inhalte aus dem kosmischen Bewusstsein zum Teil des individuellen Bewusstseins geworden sind.

Wichtig ist, dass man bei der Auswertung eigene Ansichten möglichst unbeachtet lässt und nur die Worte des anderen auf sich wirken lässt. Dann werden Sie erkennen, dass man auch ohne Kommentar versteht, was der andere sagen will.

Ich bin ein Ruderboot!

Ich bin ein Ruderboot und fahre auf dem großen Strom. Das wunderbare Element Wasser berührt meine Aussenseiten und liebkost mich. Über mir ist die unendliche Weite des blauen Himmels und seine weissen Wolken begleiten mich. Kräftig werden durch den, der in mir sitzt die Ruder geschlagen und diese Hofkraft treibt mich vorwärts. Das Material aus dem ich gefertigt bin, ist Holz von einer großen Eiche und dieses wurde grün und silber gestrichen, nachdem es zugeschnitten war und als Ruderboot gefertigt.

ich bin ein Ruderboot und heiße
Johannes. Im Augenblick liege
ich angekettet im Hafen. Die
Dünung schaukelt mich sanft.
Es ist ein Traum. Eigentlich
könnte das Leben immer so sein.
Bei jeder etwas größeren Welle
gibt es einen kleinen Schlag in
meiner hölzernen Rippe.
Aber ich bin aus solider Eiche.
Mich haut so etwas nicht herum.
Bei leichtem Sturm allerdings
ginge es doch etwas
schmerzhafter zu. Aber ...
was traut der sich auf
mich zu, gleich 4 Personen,
wo ich doch nur ein 3 Mann-
boot bin ...

Ich bin ein Ruderboot!

Meine Wände sind morsch dunkel und trostlos,
aber die Ruder sind stark und haben große Greifer.
Junge fröhliche Menschen steigen ein, mit über=
schäumender Kraft bewegen sie die Ruder.
Sie spornen sich an, und rufen „schneller, schneller"
Sie achten nicht auf das Boot, ob die Morschen
Bretter die stürmische Fahrt aushalten.

Ich - das Ruderboot

In meinem Bauch sitzen 2 Leute, die
mit mir übers Meer fahren. An meine
Außenseite schlagen die Wellen und manchmal gelingt es ihnen, mich ein wenig
vom Kurs abzubringen. Dann tauchen
die beiden Menschen meine Ruder entweder an
der rechten oder linken Seite ein mal
mehr kräftig ins Meer. Das Wasser
schmeckt salzig und die Luft riecht
würzig und frisch. Unter mir sehe ich
Fische und herrliche Pflanzen sich mit
den Wellen wiegen. Ein Ruder schmerzt ein
wenig — es quietscht, knarrt und könnte
etwas Öl gebrauchen. Aber die beide
Menschen wissen mich zu behandeln
und schieben mich sanft aber zügig
durch die Wellen.

Ich bin ein Ruderboot:

Gerade hat man mich neu angestrichen. Es ist schon Herbst. Den
ganzen Sommer lag ich am Strand und wartete. Eine Woche war ich
auf Fahrt, dann wurde ich wieder ins Gebüsch ans Ufer gezogen.
Meine Farbe blätterte ab, und ich fror unter dem Blätterdach. Jetzt
strahle ich in leuchtendem Blau, wie das Wasser, in dem der blaue
Himmel sich spiegelt. Meine rudernden Hände werden festmontiert.
Der Geruch der frischen Farbe vermischt sich mit dem Fischgeruch des
Hafens aus dem ich jetzt in die See gerudert werde. Die Sonne strahlt
und mir wird wieder warm.
Ein Mann steigt ein und setzt sich auf meine einzige Bank. Jetzt
springen Kinder über Bord. Sie schreien und lachen. Der Mann ist
ganz still. Er packt fest meine Ruder in seine Hände Ich schwanke
unter dem Toben der jubelnden Kinder. Mir wird ganz schlecht.

Das Wasser plätschert in mein Inneres. Ich denke an das Leck vom
letzten Jahr. Ich spüre wieder die Bruchstelle. Wird mein Holz mich
tragen? Die Ruder beginnen langsam und kräftig ins Wasser zu schlagen.
Ich werde hinausgerudert. Jetzt sitzen die Kinder still, aber ich
spüre die Schwere. Sie zieht mich unters Wasser. Ich brauche Luft
und Sonne. Dann geht es mir gut. Ich werde immer schwerer. Die Kinder
singen. Der Mann ist still und rudert mich. Ich muß Last abwerfen,
sonst kentere ich. Keuchend erreiche ich die ruhige See. Ein Kind
springt ins Wasser und schwimmt um mich herum. Die anderen Kinder
springen nach.

Der Mann sitzt still und genießt mit mir die Sonne. Seine Hände
liegen locker auf meinen Ruderarmen. So fühle ich mich wohl. Der
Himmel strahlt und der Salzgeruch des Wassers dringt in meine Poren.
Die schwimmenden Kinder interessieren mich jetzt nicht mehr. Ich
warte auf ein großes Boot, das sie mitnimmt.
Ein Floß, unzählige zusammengebundene Stämme, treibt auf mich zu.
Die Kinder schwimmen ihm entgegen. Sie klettern darauf. Ich bin
froh, daß das Floß mir die Last abnimmt. Der Mann nimmt eine dicke
Kordel und befestigt das Floß an meinem Bug. Dann rudert er weiter
in die See. Ab und zu stößt das Floß an meinen Kopf. Ich denke
wieder an das Leck vom letzten Jahr. Ob mich das Floß ans Ufer bringt,
wenn ich kentere? - Schon erlebe ich wieder das ruhige Dahingleiten
und die Wärme der Sonne. Nur wenn das Floß mich stößt, schrecke ich
zusammen.

Jetzt läßt der Mann die Kordel länger werden, so daß es keinen
Zusammenstoß mehr gibt. Er rudert mich kräftig, um die Last mitzu-
ziehen. Es ist schön, die Last nicht mehr allein zu tragen. Das
Leck ist vergessen. Es war ja nur ein kleines Leck. Ich denke an
die schönen Tage und Nächte. Heute abend werde ich allein im Hafen
ruhen. Wenn es regnet, werde ich zugedeckt und fühle mich in der
Regenluft ganz frisch und behütet. Mit der neuen Farbe werde ich
nicht mehr frieren. Langsam rudere ich mit dem Floß im Schlepp zurück.

Ich bin ein Ruderboot.

Wie schön ist, ein Boot zu sein! An Sonntagen,
wenn die Sonne scheint, ein leichter Wind die
Wasseroberfläche kräuselt, erwarte ich die
jungen Leute mit Spannung! Es gibt mir nicht
schnell genug, bis sie mich auf den Strom
setzen um eine Fahrt mit mir machen. Auf
dem Strom sehe ich schon die Schleppkähne an
mir vorbeifahren ganz oben an der Biegung des
Flusses erscheint ein weißer Dampfer, der die Leute
spazierenfährt. - Dann steigen die Jungen ein,
der Steuermann pfeift, die Kommandos ...
ich schieße geräuschvoll durch die Fluten.
Wie herrlich ist es doch, ein Ruderboot zu sein!

Ich habe große Angst!
Ich würde Dich schnell bemühen ans andere
Ufer zu kommen, um anderen Gedichte
ans zu reichen.

Ich bin im Ruderboot.

Jahrelang bin ich im halbdunklen Schuppen gelegen. Niemand hat mich so recht beachtet. Jeder hat mich von einer Ecke in die andere geschoben. In der Ferne habe ich die Sonne gesehen. Ich wäre gerne jemandem nützlich gewesen. Meine Planken geölt und mein Riemenzeug behandelt. Jetzt habe ich mich losgerissen und bin alleine aufs offene Meer hinausgetrieben. Dort gefällt es mir besser aber dort sind die Wellen, die gegen meinen Rumpf schlagen und mich zurückhalten. Die großen weißen Dampfer sind alle schneller als ich. Aber ich will sie noch einholen und dann bin ich zufrieden.

Ich bin ein Ruderboot

Erst kam ein heftiger Sturm
~~der~~ der mich fast umhaute,
dann aber legte er sich wieder
und ich konte weiter
rudern. ✳ Ich ~~kam~~ trieb nach
langer faht ~~so~~ auf
einer Insel zu, dort begrüßten
mich alle ✳Tiere und gaben
mir zu essen und zu trinken
und machten mir zum schluß
einen Antrag dort zu bleiben
dann blieb ich für immer
dort,   10 jahre

Ich bin ein Ruderboot.

Kein gewöhnliches Ruderboot bin ich; sondern das Boot in dem der Admiral zu seinem ~~Flg~~ Flagg--Schiff fährt. Oft hat mir der Admiral gesagt, wie hilflos die ganze Marine ohne mich wäre. Obschon nur ein sog. 'Ruderboot' bin ich mit allen erdenklichen Luxus ausgestattet. Die besten Geräten nach dem neuesten Stand der Forschung arbeiten auf meinem Hoheitsgebiet. Ja ich bin das Ruderboot, das in dem Totenbuch die Seele der Verstorbenen zum Jenseits trägt. Ja ich bin das Ruderboot das den Erlösten zum Andern Ufer der Unsterblichkeit trägt. In mir ging der Heiland mit den Aposteln die vorher nur Fischer waren — wenn der Sturm brach und Petrus ~~beinach~~ beinahe ertrank. Ich durchquere sämtliche Ozeanen, verbinde alle Kontinenten; ich kann ~~sogar~~ unter d. Wasser rudern und dennoch nicht sinken.

43

Mai 1977
H. P. Béniget

Ich bin ein Ruderboot.

Ein fortschrittliches, denn ich habe nicht
nur kräftige Räder sondern auch Flügel
die jedem Sturm gewachsen sind.
Ich liebe die unendliche Weite des Ozeans
als auch den ruhigen Fluss.
Ich trage kostbares Gut und keine
Naturgewalt kann mir das anhaben, denn
ich bin selbst ein Stück dieser Natur und
so passe ich mich harmonisch dem Hoch +
Tief der Wellen an und genieße die auf
mich zurückstrahlende Sonne mit tiefer
Ruhe!
Ohne Angst trage ich das mir anvertraute
Gut und überwinde alle Grenzen.
Wenn ich lang genug gewandert habe, fahre
ich meine Tragflächen aus und erhebe mich
über das Wolkenmeer in den unendlichen
Kosmos um (mit einer ladung liebe auf dem
Ozean zu landen) gestärkt über das Geschaute
wieder auf dem Ozean zu landen, bereit
für den nächsten kostbaren Transport.

44

Ich bin ein Ruderboot.
Ich schwimme auf dem Wasser
ich habe Angst dass die Wellen
mich umkippen, ich habe Angst
dass ich untergehe.

Der Mandala-Test

Mit diesem einfachen Test lässt sich die geistige Situation eines Menschen, sein geistiger Standort, recht gut bestimmen. Zu diesem Test werden drei einfache geometrische Figuren verwendet.

Das Viereck

Es ist das Symbol der Materie, der Dinge, Umstände und der Gegebenheiten, aber auch der Gesundheit, der Grenzen und der Begrenzungen, auch der selbstgesetzten, geistigen Begrenzungen. Es ist das Symbol der physischen Ebene, der Realität, der Ausdruck des Materiellen in unserem Sein. Dabei ist zu beachten, ob das Viereck gleichseitig, ungleichseitig liegend oder ungleichseitig stehend gezeichnet wird.

Viereck *gleichzeitig* bedeutet, keine besondere Tendenz erkennbar.

Viereck *ungleichseitig liegend* bedeutet, dass die materiellen Aspekte der Realität im Vordergrund stehen. Man steht mit beiden Beinen im Leben, liebt Sicherheit und Gründlichkeit.

Viereck *ungleichseitig aufrecht stehend* bedeutet den Wunsch, sich aus seiner materiellen Gegebenheit zu lösen und zu erlösen, aufzustreben und sich zu befreien von den Begrenzungen. Der bewusste Umgang mit den Gegebenheiten.

Das Dreieck

Es ist das Symbol des Wunsches, des Strebens, Sehens, sich Bemühens, Forschens und Ringens. Die Spitze kann dabei nach oben, nach unten oder nach den Seiten zeigen, auch nach beiden oder mehreren Seiten gleichzeitig. Auch können zwei Dreiecke ineinander zu einem Stern angeordnet sein.

Das Dreieck *mit der Spitze nach oben* zeigt den Wunsch an. Hier ist Energie auf ein Ziel gerichtet, mit dem Wunsch zur Erfüllung. Es ist das Zeichen einer klaren Absicht, eines auf ein Ziel gerichteten Willens, aber auch ein Symbol für das Aufstreben, das sich Erheben über die Materie, die Dinge, Umstände, Gegebenheiten.

Das Dreieck *mit der Spitze nach unten* zeigt die Erfüllung an, aber auch die Resignation. Ruhe ist eingekehrt.

Dreiecke *nach mehreren Seiten* zeigen widersprüchliche Wünsche und Bestrebungen an. Die Kräfte können sich nicht optimal entfalten, richten sich gegeneinander oder heben sich gegenseitig auf.

Zwei Dreiecke *ineinander als sechseckiger Stern* zeigen an, dass der Wunsch Erfüllung gefunden hat, dass der Ausgleich hergestellt ist, die Harmonie gefunden wurde.

Mehrere Dreiecke *aneinander als Zickzacklinie,* eventuell am Aussenrand eines Kreises angeordnet, zeigen also abwechselnd die Spitze nach oben und dann die Spitze nach unten. Das heisst, vielseitige Bestrebungen haben ihre Erfüllung gefunden, das Bemühen geht aber weiter, um die Ergebnisse noch zu verbessern.

Der Kreis

Er ist das Symbol des in sich ruhenden Seins, der Einheit, des Vollkommenen, Vollständigen, der Unendlichkeit und Harmonie. Ist er im Innern der Zeichnung, dann heisst das, dass das Sein sich noch nicht äussern konnte, dass andere Dinge, Wünsche oder Umstände das Sein bestimmen.

Ist der Kreis aber der äussere Rahmen, so zeigt das, dass alles andere in diesem Sein integriert wurde, dass Wünsche und Gegebenheiten eingeschlossen sind im Sein, dass wir in uns ruhen, wenngleich uns im Innern auch noch andere Kräfte bewegen. Wer nur noch den Kreis zeichnet, der ist vollkommen, ohne dass andere Kräfte ablenken. Ist jedoch das Dreieck der äussere Rahmen, so wird alles Sein dem Wunsch oder Bestreben untergeordnet, alles drängt, will zu einem Ziel, der Wille oder die Absicht stehen im Vordergrund.

Ist das Viereck der äussere Rahmen, dann stehen die Realitäten als Grenze oder Begrenzung der Entfaltung der Wünsche und des Seins hemmend im Weg. Wir lassen es zu, dass Dinge oder Umstände uns begrenzen oder gar bestimmen.

Diesen Test kann man in 3 Teile einteilen.

1.) Mit welcher Figur kann man sich identifizieren, welche entspricht noch am ehesten dem inneren Sein, und welche Farbe gebe ich dieser Figur? Bei der Auswertung von Punkt 1 erkenne ich, was im Vordergrund des Bewusstseins steht, was das Leben bestimmt, und aus der Farbe erkenne ich, wie diese Bestimmung erfolgt, also die Art der Bestimmung.

2.) Eine Zeichnung machen lassen, bei der jede Figur verwendet werden muss, aber jede Figur nur einmal verwendet werden darf. Das zeigt deutlich die Grundtendenzen der Einstellung zu den einzelnen Kräften. Auch hierbei kann ich durch Farbe die Aussage noch deutlicher machen.

3.) Eine Zeichnung machen lassen, bei der jede Figur beliebig oft verwendet werden darf, auch ineinander und durcheinander, aber auch eine oder zwei Figuren weggelassen werden können. Wiederum mit Farben Akzente setzen, den Figuren einen eigenen Charakter geben.

1.) Wie wurde das Papierformat verwendet?

a) Hochformat   – Mehr geistig ausgerichtet, aufstrebend
b) Querformat   – Realistisch, materiell

2.) Wirkt das Bild geordnet oder chaotisch?

a) Geordnet   – Streben nach innerer Ordnung, Klarheit
b) Ungeordnet   – Vielfalt der Bestrebungen, chaotisch,
                     gegensätzlich

3.) Was dominiert?

a) Kreis   – Ruht in sich, Harmonie
b) Dreieck   – Der Wunsch bestimmt das Sein
c) Viereck   – Die Realität dominiert, die Materie

a) Aussen   – Das bildet den Rahmen, die Begrenzung
b) Innen   – Das ist verborgen, tritt nicht in Erscheinung

5.) Welche Figur kommt mehrfach vor, welche gar nicht?

a) Mehrfach   – Das bestimmt das Leben
b) Gar nicht   – Hat keinen Einfluss auf das Leben

6.) Welche Figur steht über welcher?

a) Unten   – Bildet das Fundament, die Grundlage
b) Darüber   – Die weitere Entwicklung

7.) Welche Farbe hat was?

a) Welche Farbe bestimmt das Bild? Sie bestimmt das Sein.
b) Welche Farben kommen überhaupt nicht vor? Sie fehlen in der Persönlichkeit ebenfalls.
c) Welche Farben werden den einzelnen Figuren gegeben?
Hierbei den Farbschlüssel, also den Charakter der einzelnen Farben beachten.
Alles über die Bedeutung der Farben finden sie in meinem «Farbenbuch».
Ist z.B. das Dreieck gelb, dann ist der Wunsch geistig oder intellektuell, oder die Erfüllung wird sehr stark erwartet. Ist das Dreieck dagegen blau, so wird der Wunsch ruhig in sich getragen. Ist es rot, so wird aktiv etwas für die Erfüllung getan und das oft impulsiv und fordernd.
Ist das Viereck grün, so steht das vernünftige, realistische Handeln im Vordergrund, die praktische Veranlagung. Ist das Viereck orange, so werden die materiellen Gegebenheiten sehr lebhaft gestaltet, aber mit mehr Übersicht und Anpassungsfähigkeit. Ist der Kreis violett, so ist das Sein durchgeistigt und von der Intuition bestimmt usw.

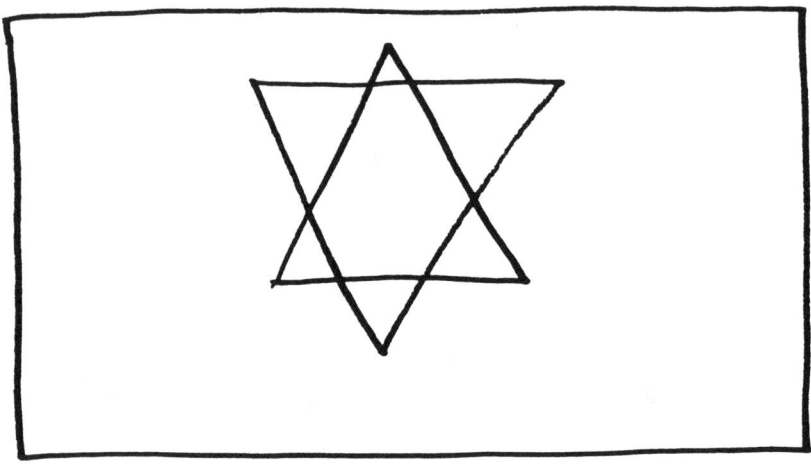

Den äusseren Rahmen bildet das Viereck, als liegendes Rechteck. Das bedeutet, dass die materiellen Aspekte der Realität im Vordergrund stehen. Im Inneren zwei Dreiecke ineinander als sechseckiger Stern, was an sich Ausgleich der Kräfte bedeutet, Harmonie durch Erfüllung oder Resignation. Hier ist es die Resignation, denn die Gegebenheiten werden als begrenzt, einengend empfunden, werden aber akzeptiert und nicht «berührt».

Es handelt sich hierbei um eine Frau, die mit einem ungeliebten Partner zusammenlebt und aufgehört hat zu rebellieren. Sie hat zwar inneren Frieden mit den Umständen gefunden, ruht aber nicht im Sein, der Kreis kommt gar nicht vor. Der Preis für diesen Scheinfrieden ist hoch, das Leben erstarrt in den Gegebenheiten, wird nicht mehr in Frage gestellt, die Entwicklung hat aufgehört.

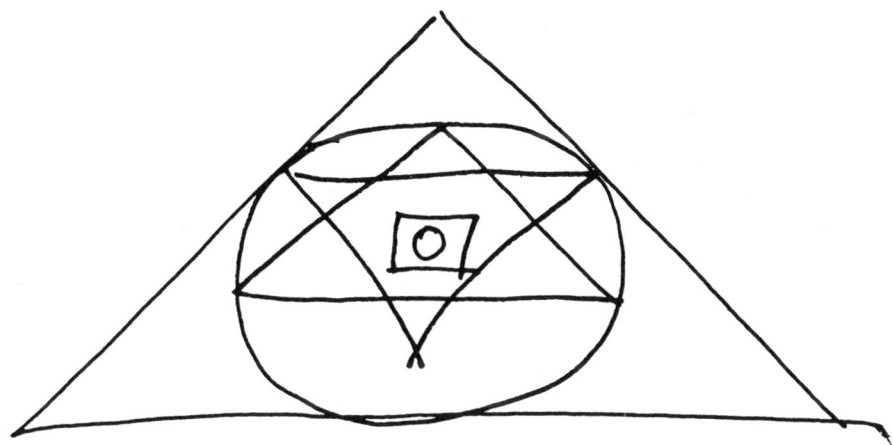

Hier bildet das Dreieck den äusseren Rahmen, es bedeutet, dass das Leben von einem grossen Wunsch bestimmt wird, dem alles andere untergeordnet wird. Innerhalb dieses Wunsches aber ruht man im Ausgleich der Kräfte, doch das Sein wird von dem grossen Wunsch begrenzt. Tief im Innern ist eine andere kleine Seinsebene eingesperrt, in anderen Gegebenheiten. Es sind die einzigen Umstände, die hierbei in Erscheinung treten. Diese Ebene des Seins kann sich also nicht entfalten, weil die Umstände sie einschliessen und damit begrenzen. Doch stösst sie nicht einmal an die Grenzen der Umstände, was darauf hinweist, dass diese Ebene nicht mehr aktiviert wird.

Die Testperson ist ein Mann mit einem überdurchschnittlichen Ehrgeiz, dem alles andere untergeordnet wird. Er hat viel erreicht und allen Grund, zufrieden zu sein, was er im Innersten auch ist, aber er will eben weiter, «so weit die Füsse tragen». Ganz tief im Innern aber trägt er noch das Bild seiner Jugendliebe, die sich in seinem Leben nicht erfüllen durfte, weil er arm war und das Mädchen seiner Wahl reich. So scheiterte diese Liebe an den Umständen, wird heute nicht mehr in Frage gestellt, aber er denkt noch oft an sie, obwohl sie längst verheiratet ist. Vielleicht resultiert hieraus sein Ehrgeiz, der sich noch immer bemüht, die alten Schranken zu überwinden, um endlich «ebenbürtig» zu werden. Zu spät!

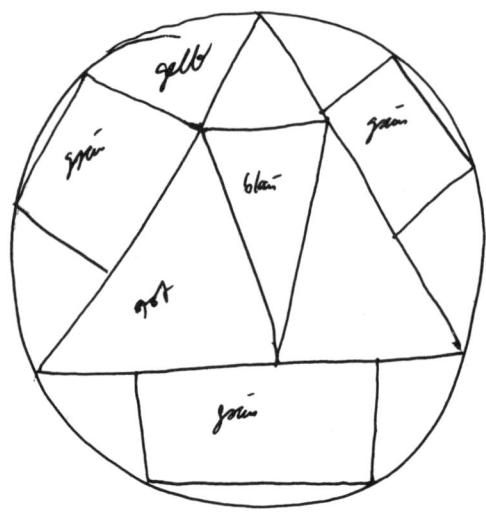

Hier erkennen wir, dass vielfältige Bestrebungen vorhanden sind. Zuunterst das liegende Rechteck, also die materiellen Aspekte der Realität — ein gutes Fundament. Darauf ein grosses Dreieck, also ein grosser Wunsch bewegt den Menschen, der jedoch bereits zu einem Teil Erfüllung gefunden haben muss, weil darin ein Dreieck ist, mit der Spitze nach unten. An den Seiten des Dreiecks rechts und links haben sich neue Gegebenheiten angegliedert, und links oben richtig gibt es ein gelbes Dreieck mit der Spitze nach unten, was darauf hindeutet, dass ein intellektueller Wunsch in Erfüllung gegangen ist. Alle Vierecke sind grün, was zeigt, dass die Realität praktisch und optimistisch bewältigt wird. Der grosse Wunsch ist rot, was darauf hinweist, dass dieser Wunsch impulsiv drängend seiner Verwirklichung zugeführt wird. Das Dreieck darin dagegen ist blau. Die Erfüllung hat zur Beruhigung eines Teiles geführt. Alles aber wird umschlossen vom Kreis, ist also in das Sein integriert.

Es handelt sich um einen vielseitigen Mann, der im Leben schon etwas erreicht hat. Trotzdem spürt man das Drängen in seiner ganzen Art, er will immer weiter, geht aber mit den Umständen besonnen um und gestaltet sein Leben nach seinen Wünschen. Typisch sind auch die 3 Vierecke, denn er lebt in 3 Ebenen, der Familie, der Firma und seinem Hobby, Segeln, das er sehr intensiv betreibt. Ein angenehmer Mann und Freund.

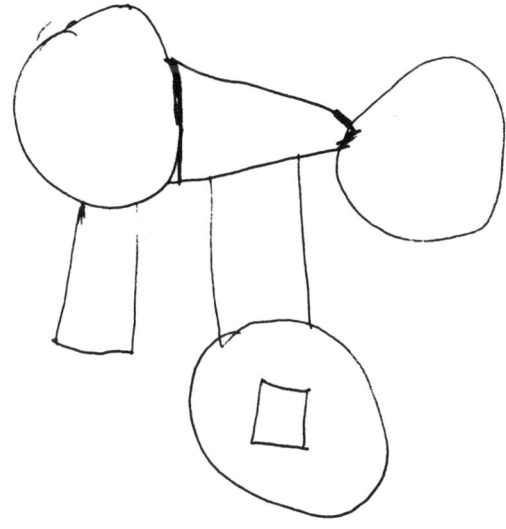

Hier ist die Zeichnung eines Jugendlichen, der noch nicht weiss, was er will. Das ganze Bild wirkt unruhig, fast etwas chaotisch; und so ist auch seine Lebenseinstellung. Er weiss zwar genau, wogegen er ist, kann aber nicht angeben, wofür er eigentlich ist. Alles ist falsch, so wie es ist und müsste geändert werden. Erfahrungen mit Drogen liegen ebenfalls vor, führten aber nicht zur Abhängigkeit. Hier wird deutlich, wie dringend die innere Führung einsetzen müsste, denn aus dem Ganzen ist keine einheitliche Richtung zu erkennen.

Das berufliche Streben, wenn man die in Ansätzen vorhandenen Versuche zur Integration in das Arbeitsleben eben einmal nennen will, hat bisher ebenfalls noch zu keinem Ergebnis geführt. Die erste Lehrstelle wurde nach einigen Monaten, die zweite nach einem Jahr verlassen, eine weitere ist nicht in Sicht. Die Eltern, gute, einfache Leute, sind der Situation nicht gewachsen, und so ist die weitere Entwicklung abzusehen, wenn nicht noch eine bestimmende Kraft wirksam wird.

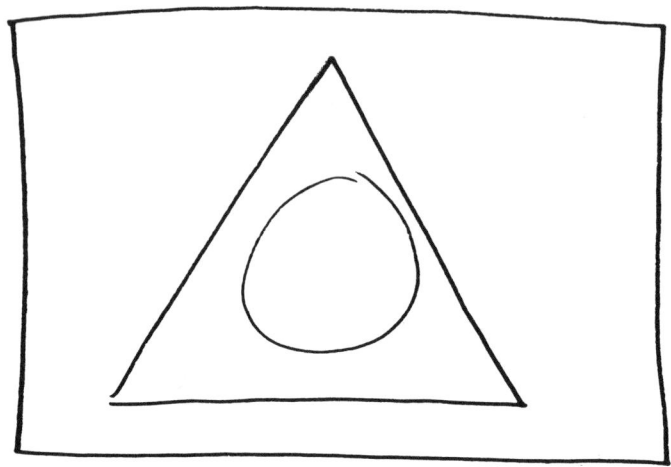

Hier ist das Sein eingesperrt in einen starken Wunsch, der aber nicht die Kraft gefunden hat, den Rahmen der Umstände zu sprengen. Die Grenzen werden von dem Wunsch nicht einmal berührt. Ein Mensch, der sich nicht wohl fühlt in seiner Haut, der raus möchte, aber keinen Weg findet. Doch auf die Dauer wird sich das Sein nicht einsperren lassen, der Wunsch wird wachsen und vielleicht eines Tages die Grenzen der Umstände überwinden. Noch ist alles möglich, denn so kann es auf die Dauer nicht bleiben.

Es handelt sich um einen jungen Mann von fast 18 Jahren, der in einer zu engen Umgebung aufwächst, in einer Familie, in der die Frau den Ton angibt, und sie ist genau, zuverlässig, pünktlich, ordentlich, aber was sie aus ihrer Froschperspektive nicht erkennen kann, ist nicht existent, und so behindern ihre Grenzen die Entwicklung ihrer Kinder. Der junge Mann steht vor der Entscheidung, sich der Umgebung und dem Druck zu entziehen, indem er seinen eigenen Weg geht, wogegen sich die Mutter energisch wehrt, oder aber soviel Rückgrat zu entwickeln, dass er auch zuhause unbeirrt seinen Weg geht, was sicher nicht immer leicht werden wird. Aber er hat die Substanz, es zu schaffen; das zeigt die Klarheit im Aufbau seiner Zeichnung und die Stärke des Wunsches, der sicher mit zunehmendem Alter noch stärker werden dürfte.

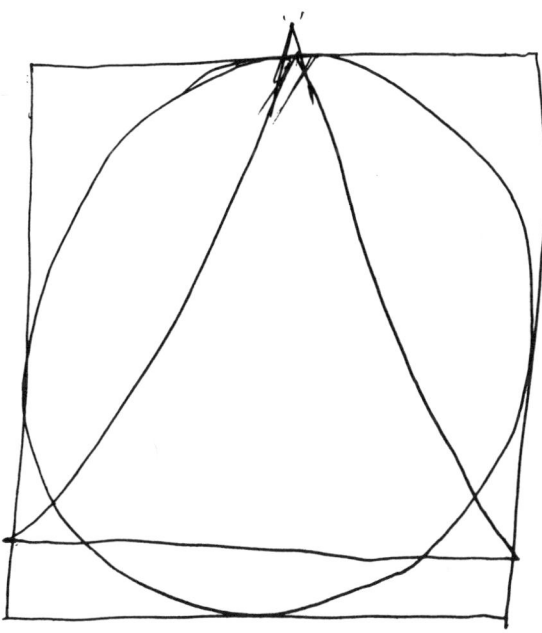

Hier der gleiche Jugendliche ein halbes Jahr später. Das Sein füllt inzwischen die Grenzen der Gegebenheiten vollständig aus, aber der Wunsch ist stärker geworden und hat gerade die Grenzen der Realität durchbrochen. Es sieht aus wie ein Küken, das sich in diesem Augenblick aus dem Ei befreit. Man sieht noch deutlich, dass er die Spitze des Dreiecks nach der Grenze durch das Viereck ausrichten wollte, dann aber hat er es korrigiert und die Grenzen durchstossen. Es ist selten, dass man den Augenblick der Befreiung so deutlich erkennen kann, wobei hier gleichzeitig die Grenzen der Umstände und die Grenze des eigenen Seins überschritten wird.

Man sieht jedoch auch, dass die Klarheit der Linien etwas nachgelassen hat. Alles ist in Bewegung, und worauf es nun ankommt, ist nur die Spitze des Dreiecks. Darauf scheint sich alle Kraft zu konzentrieren. Er hat es geschafft.

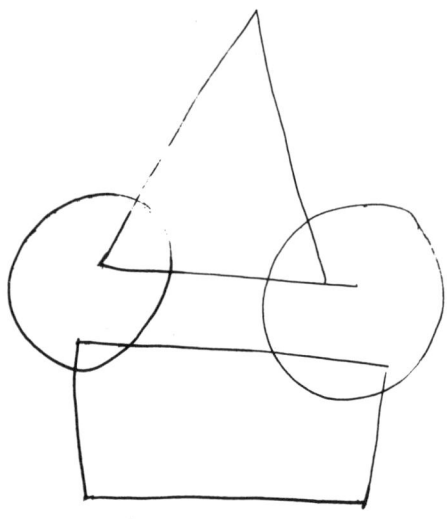

Von der Basis, der materiellen Realität, gehen hier gleich zwei Seinsebenen ab, bzw. erheben sich darüber und tragen einen grossen Wunsch. Dieser Wunsch verbindet die beiden Seinsebenen, er basiert auf ihnen, wird von ihnen getragen. Die beiden Seinsebenen sind etwa gleich gross und basieren beide auf der gleichen Realitätsebene.

Es handelt sich um eine junge Frau, unverheiratet, die mit zwei Männern liiert ist und sich nicht entscheiden kann. Sie möchte gern heiraten, und beide wollen sie auch heiraten, aber keiner der beiden Männer kann scheinbar ihren grossen Wunsch nach Geborgenheit erfüllen. Der eine ist weltgewandt, selbstsicher und vermögend, und bei ihm würde sie etwas von der Welt sehen, vielleicht Abenteuer erleben, interessante Menschen kennenlernen, aber sich nicht geborgen fühlen. Der andere ist ein stiller, kleiner Beamter, der sie von ganzem Herzen liebt, aber mit sich selbst noch einige Probleme hat, schon einmal in einer psychiatrischen Klinik war und eher selbst einen Halt braucht, anstatt ihn geben zu können. Nun schwankt sie zwischen beiden hin und her und wartet unbewusst wahrscheinlich auf den Dritten, der ihr alles bieten kann. Inzwischen hängt sie mit ihrem Wunsch quasi in der Luft.

Hier ist offensichtlich ein grosser Wunsch, eine Absicht, ein Streben in den materiellen Gegebenheiten, den Umständen gefangen. Da es nirgendwo die Grenze der Umstände berührt, ist scheinbar kein Ansatzpunkt für eine Lösung, für die Erfüllung dieses Wunsches gegeben. Aber die Realität ist einbezogen in das Sein und berührt den inneren Rand des Seins, während vom äusseren Rand geistig (gelb) Wünsche, Absichten in alle Richtungen gehen, die aber bereits überall teilweise auch Erfüllung gefunden haben (siehe die blauen Dreiecke mit den Spitzen nach unten oder innen). Das ist offensichtlich eine Persönlichkeit, die sich in einer permanenten geistigen Entwicklung befindet und hierin Bestätigung und Befriedigung findet, aber tief in ihrem Innern ist ein Wunsch in der Realität gefangen, der nicht mehr aktiviert wird, an dessen Erfüllung nicht mehr gedacht wird. Ansonsten aber ist die Realität voll in das Sein integriert. Ein Mensch, der ein Leben lang strebend sich bemüht.

Der Lebensweg-Test

Dieser Test zeigt die allgemeine Einstellung zum Leben. Die Antwort auf die erste Frage zeigt, ob wir das Abenteuer «Leben» überhaupt annehmen oder nur mit Vorbehalt, und wenn, mit welchem Vorbehalt. Wir erkennen daraus, ob wir zum Leben überhaupt ja sagen, oder ob wir uns vielleicht mit bisher nicht erkannten Vorbehalten selbst behindern.

Die Antwort auf die zweite Frage zeigt, was uns im Leben wichtig ist. Nehmen wir Dinge mit zum Schutz, zur Bequemlichkeit, zur Unterhaltung oder zum Lebensunterhalt und in welcher Reihenfolge. Dabei ist nicht nur wichtig, was wir mitnehmen, sondern noch mehr, warum wir gerade dies mitnehmen. Es sollte uns auch nachdenklich machen, woran wir gar nicht gedacht haben, ob wir nicht Wichtiges vergessen und Unnötiges mitschleppen.

Aus der Antwort auf die dritte Frage sehen wir unsere Einstellung zum Glück. Der Schlüssel ist das Symbol für das Glück. Ergreifen wir das Glück dort, wo wir es finden, oder lassen wir es liegen. Warum lassen wir es liegen, oder warum nehmen wir es mit? Wie sieht das Glück für uns aus? Ist es ein Schlüssel zu einer Schatztruhe oder zu einem alten Haus, in dem wir Bücher mit vergessenen Weisheiten finden, oder lassen wir den Schlüssel liegen, weil er einem anderen gehört und er ihn sonst nicht wiederfinden könnte? Verzichten wir also für einen anderen auf das Glück? Die Antwort auf die vierte Frage zeigt uns, wie für uns das Leben aussieht, denn der Fluss ist das Symbol für den Strom des Lebens. Ist er klar oder verschmutzt, gefährlich oder harmlos, gibt es Pflanzen und Tiere darin oder ist er leblos usw. Noch wichtiger wird die Aussage, ob wir den Fluss überqueren, ob wir uns dem Strom des Lebens anvertrauen, eventuell sogar trotz der erkannten Gefahren.

Die Antworten auf die fünfte Frage zeigen unsere Einstellung zum Tod, denn die Mauer auf der anderen Seite ist das Symbol für den

Tod. Wie sieht für uns der Tod aus? Ist es eine hohe Mauer, die man nicht übersteigen kann, oder hat sie eine Tür oder ein Tor darin? Passt hier vielleicht sogar mein Schlüssel, damit ich, dort angekommen, aufschliessen kann, und bin ich dahinter eventuell sogar zuhause? Wie verhalte ich mich, wenn ich an der Mauer angekommen bin? Ratlos oder zielstrebig? Finde ich einen leichten Weg, oder wird es schwierig, auf die andere Seite zu kommen, und was erwartet mich dort? Ist es drüben schön oder geht es genauso weiter? Sie sehen, auf die wenigen Fragen sind erstaunliche Antworten möglich, die unsere Einstellung zum Leben und Tod erkennen lassen.

Fragebogen zum Test:

«Der Lebensweg»

1. Frage:

Sie bekommen eine Reise in den Urlaub geschenkt, eine Abenteuerreise.

a) Nehmen Sie die Reise an?
b) Nehmen Sie die Reise unter Vorbehalt an?
c) Mit welchem Vorbehalt nehmen Sie die Reise an?
d) Wie begründen Sie Ihren Vorbehalt?

2. Frage:

Sie dürfen 3 Dinge mitnehmen. Was nehmen Sie mit?

1.)
2.)
3.)
Warum nehmen Sie gerade diese Dinge mit?

3. Frage:

Sie finden im Urwald einen Schlüssel.

a) Nehmen Sie ihn mit?
b) Warum lassen Sie ihn liegen oder nehmen ihn mit?
c) Wie sieht er aus?
d) Wozu gehört er wohl?

4. Frage:

Sie kommen an einen Fluss.

a) Wie sieht er aus:

                    sauber/schmutzig — ruhig/reissend usw.
b) Gibt es gefährliche Tiere darin?

                    Krokodile, Piranhas usw.
c) Überqueren Sie ihn?

5. Frage:

Nehmen wir an, irgendwann überqueren Sie den Fluss. Sie kommen drüben an eine Mauer.

a) Wie sieht die Mauer aus?
b) Gehen Sie hinüber?
c) Wenn ja, wie?
d) Was liegt dahinter?

Fragebogen zum Test: "Der Lebensweg"

1. Frage:
Sie bekommen eine Reise in der Urlaub geschenkt,
eine Abenteuerreise.

a) Nehmen Sie die Reise an? *ja*

b) Nehmen Sie die Reise unter Vorbehalt an? *nein*

c) Mit welchem Vorbehalt nehmen Sie die Reise an?

d) Wie begründen Sie Ihren Vorbehalt?

2. Frage:
Sie dürfen 3 Dinge mitnehmen. Was nehmen Sie mit?

1) *Fotoapparat / bewußtes Sehen*

2) *Fernglas / deutliches Sehen*

3) *Geld / Hilfsmittel in allen Situationen*

Warum nehmen Sie gerade diese Dinge mit?

3. Frage:
Sie finden im Urwald einen Schlüssel.

a) Nehmen Sie Ihn mit? *ja*

b) Warum lassen Sie ihn liegen, oder nehmen Sie ihn mit?

c) Wie sieht er aus? *kleiner Normalschlüssel Er kann in einer*

d) Wozu gehört er wohl? *mit daß spätem Situation behilflich sein*
Zu einer Tür

4. Frage:
Sie kommen an einen Fluß. *sauber, ruhig fließend*
Ufer mit Gras, keine Bäume

a) Wie sieht er aus: *direkt am Ufer*
sauber/schmutzig - ruhig/reißend usw.

b) Hat es gefährliche Tiere darin? *nein*
Krokodile, Pirhanias usw.

c) Überqueren Sie ihn? *Ich gehe an seinem*
rechten Ufer flußaufwärts

5. Frage:
Nehmen wir an, irgendwann überqueren Sie den Fluß. Sie
kommen drüben an eine Mauer.

a) Wie sieht die Mauer aus? *weiß, niedrig, mitteldick*

b) Gehen Sie hinüber? *ja*

c) Wenn ja wie? *Ich steige ruhig hinüber*

d) Was liegt dahinter? *ein Garten mit südlicher*
Atmosphäre, Jasmin und Früchte

65

Das Abenteuer des Lebens wird hier also ohne jeden Vorbehalt angenommen. Die Antworten der Frage zwei zeigen, was wichtig ist im Leben. Hier ist es an erster Stelle das bewusste Sehen und an zweiter Stelle das deutliche Sehen. Erst an dritter Stelle folgt Geld, als Hilfsmittel, um alles Sonstige beschaffen zu können. Hierbei muss es sich also um eine Person handeln, die bewusst durch das Leben geht und der bewusstes Wahrnehmen der Wirklichkeit das Wichtigste im Leben ist. Die Tatsache, dass er nicht irgendwelche Hilfsmittel angibt, sondern Geld «für alle Fälle», zeigt, dass ihm in diesem Leben Geld als Hilfsmittel zur Verfügung steht und dass er sich dessen zu bedienen weiss.

Das Glück wird wieder vorbehaltlos ergriffen, wo es zu finden ist und in welcher Form auch immer es in Erscheinung treten mag, denn «es könnte in einer späteren Situation behilflich sein». Das Glück hat hier eine normale Gestalt, daher auch das Symbol des betont normalen Schlüssels mit Bart, im Gegensatz zu einem Sicherheitsschlüssel, und dieses Glück öffnet eine Tür, es erschliesst somit eine vorher verschlossene Möglichkeit.

Der Stom des Lebens ist sauber, ruhig fliessend, wie die Antwort auf die vierte Frage zeigt. Man sieht richtig den Strom des Lebens ruhig, fast majestätisch dahinfliessen. Auch die Ufer sind angenehm mit Gras bewachsen, so dass man ungehindert am Ufer spazierengehen kann. Der Strom (das Leben) hat keine gefährlichen Tiere, also keine grösseren Schwierigkeiten, aber er geht trotzdem am Ufer entlang flussaufwärts, also zur Quelle, nicht mit dem Strom. Hierin kann man ein Symbol für die Suche nach dem Ursprung erkennen. (Es handelt sich um einen Herrn, etwas über fünfzig, auf der Suche nach dem Sinn seines Lebens, nach seiner speziellen Lebensaufgabe). Er stürzt sich also nicht ins Leben, sondern sucht noch seinen «Einstieg».

Die Antwort auf die fünfte Frage zeigt die Einstellung zum Tod. Die Mauer ist hier nicht sehr hoch, dazu weiss er schon zuviel von den Dingen «danach», und er geht «einfach» hinüber, indem er ganz ruhig hinübersteigt, was ohne grosse Anstrengung geht. «Drüben» wartet ein Garten mit südlicher Atmosphäre, fast könnte man sagen, ein Paradies mit Früchten und Gemüse, also mit gesunder Nahrung, denn auch in einem Paradies geht die Entwicklung weiter, müssen wir «Eindrücke» in uns aufnehmen, aber die sind dann natürlich und unverfälscht. Alles in allem also ein Mensch, der sich als Teil der allumfassenden Harmonie erkannt hat und in dieser Gewissheit gelassen seinen Weg geht.

Fragebogen zum Test: "Der lebensweg"

1. Frage:
Sie bekommen eine Reise in der Urlaub geschenkt,
eine Abenteuerreise.

a) Nehmen Sie die Reise an? *Ja*

b) Nehmen Sie die Reise unter Vorbehalt an? *Ja*

c) Mit welchem Vorbehalt nehmen Sie die Reise an? *Daß ich einen*
Urwaldführer habe

d) Wie begründen Sie Ihren Vorbehalt?

Weil ich mit dem Urwald nicht vertraut bin

2. Frage:
Sie dürfen 5 Dinge mitnehmen. Was nehmen Sie mit?

1) *Expeditions – Mannschaft – Zur Sicherheit*

2) *Richtige Ausrüstung – aus Vernunftgründen*

3) *Mann oder Freunde – gemeinsames Erlebnis*

Warum nehmen Sie gerade diese Dinge mit?

3. Frage:
Sie finden im Urwald einen Schlüssel.

a) Nehmen Sie ihn mit? *Ja*

b) Warum lassen Sie ihn liegen, oder nehmen Sie ihn mit? *Könnte was*
finden, wo der Schlüssel paßt.
c) Wie sieht er aus? *Groß u. alt*

d) Wozu gehört er wohl? *Zu einer Truhe in einem Gelän-*
verdeck

4. Frage:
Sie kommen an einen Fluß.

a) Wie sieht er aus: *Groß, breit, tief, hell, flache Ufer*
sauber/schmutzig – ruhig/reißend usw.

b) Hat es gefährliche Tiere darin? *Nein*
Krokodile, Pirhanias usw. *Nein*

c) Überqueren Sie ihn? *Ja*

5. Frage:
Nehmen wir an, irgendwann überqueren Sie den Fluß. Sie
kommen drüben an eine Mauer.

a) Wie sieht die Mauer aus? *Weiß und verwundert*

b) Gehen Sie hinüber? *Ja*

c) Wenn ja wie? *Durch ein großes lichtes Tor*

d) Was liegt dahinter? *Vornehmes Anwesen in herrlichem Park*

Auch hier wird das Abenteuer des Lebens angenommen, aber mit dem Vorbehalt, dass ein erfahrener Begleiter da ist, ein Urwaldführer, weil sie mit dem Urwald nicht vertraut ist. Die Testperson ist eine Frau, die die Dinge etwas vorsichtig angeht, vielleicht, weil sie ihre Grenzen kennt. Das ist auch aus der Antwort zur Frage zwei zu erkennen, denn hier steht auf Platz eins die Sicherheit und auf Platz zwei die Vernunft. Erst wenn das gegeben ist, kann das Erlebnis beginnen, und das sollte dann ein gemeinsames Erlebnis sein, denn sie nimmt ihren Mann oder Freund mit. Aus diesen Antworten ist eine gewisse Ängstlichkeit zu erkennen. Sie weiss um die Gefahren des Lebens und möchte vorbereitet sein. Das hört sich vernünftig an und ist es sicher auch, aber diese Ängstlichkeit zeigt, dass es noch an Urvertrauen fehlt, das nur entstehen kann, wenn man als Säugling liebevoll umsorgt wurde, wenn man sich auch unbewusst auf seine Umwelt verlassen konnte. Offensichtlich hat sie schon sehr früh erfahren, dass man sich wirklich nur auf sich selbst verlassen kann und eben auch selbst versorgen muss. Das Glück wird ergriffen, denn irgendwo könnte das, was man findet, ja passen. Das Glück ist hier gross und alt, das zeigt, dass man etwas von früher noch nicht gefunden hat, dessen Existenz man nur ahnt, nach dem man aber noch immer sucht. Hier ist es eine Truhe in einem Geheimversteck, als Behälter, der das Glück beinhaltet, der aber nicht offen zu erkennen ist, sondern sich in einem Geheimversteck befindet, nach dem man also suchen muss. Doch sie hat schon den Schlüssel und kann dieses Glück in Besitz nehmen, sobald sie erkannt hat, wo es sich versteckt.

Auch hier ein schöner, ruhig dahinfliessender Strom des Lebens, ohne Gefahren und ernsthafte Schwierigkeiten, also begibt sie sich in das Leben, geht hindurch, bis zur anderen Seite.

Der Tod ist hier eine weisse Mauer, aber verzaubert, wie beim Dornröschen, sagt sie. Also ein Mysterium, dessen Zugang sich für die meisten Menschen durch einen Zauber erschwert hat. Man ahnt noch aus der Antwort, dass es früher einmal ein selbstverständlicher Teil des Wissens war, dieses Mysterium Tod, ein Wissen aber, dass im Laufe der Zeit verloren ging, zu einem Mysterium wurde. Sie aber geht auch einfach hinüber, sogar durch ein grosses leichtes Tor in ein vornehmes Anwesen. Hier wird zwischen den Zeilen die «Erhabenheit» des Drüben erkennbar, aber auch, dass der Tod für sie ein Teil des Lebens ist, zu dem der Übergang leicht wird.

1. Frage:
Sie bekommen eine Reise in der Urlaub geschenkt,
eine Abenteuerreise.

a) Nehmen Sie die Reise an? *Ja*

b) Nehmen Sie die Reise unter Vorbehalt an? /

c) Mit welchem Vorbehalt nehmen Sie die Reise an? /

d) Wie begründen Sie Ihren Vorbehalt? /

2. Frage:
Sie dürfen 3 Dinge mitnehmen. Was nehmen Sie mit?

1) *Lexikon für Pflanzen*
2) *meinen Hamster / damit er nicht alleine ist*
3) *meine Freundin / damit sie meine Freude teilen kann*

Warum nehmen Sie gerade diese Dinge mit?

3. Frage:
Sie finden im Urwald einen Schlüssel.

a) Nehmen Sie Ihn mit? *Ja*

b) Warum lassen Sie ihn liegen, oder nehmen Sie ihn mit?
Weil ich neugierig bin
c) Wie sieht er aus? *groß, alt, golden*

d) Wozu gehört er wohl? *keine irdische Tür*

4. Frage:
Sie kommen an einen Fluß.

a) Wie sieht er aus: *sauber, ruhig, es wimmelt*
sauber/schmutzig - ruhig/reißend usw. *da von Fischen*

b) Hat es gefährliche Tiere darin? *Nein*
Krokodile, Pirhanias usw.

c) Überqueren Sie ihn? *Ich gehe hinein*

5. Frage:
Nehmen wir an, irgendwann überqueren Sie den Fluß. Sie
kommen drüben an eine Mauer.

a) Wie sieht die Mauer aus? *groß, alt, aber kein*
Hindernis für mich, für andere schon.
b) Gehen Sie hinüber? *Ja*

c) Wenn ja wie? *Ich gehe hindurch*

d) Was liegt dahinter? *Ein Paradies*

Fragebogen zum Test: "Der Lebensweg"

1. Frage:

Sie bekommen eine Reise in der Urlaub geschenkt,
eine Abenteuerreise.

a) Nehmen Sie die Reise an? JA!

b) Nehmen Sie die Reise unter Vorbehalt an? NEIN!

c) Mit welchem Vorbehalt nehmen Sie die Reise an? —

d) Wie begründen Sie Ihren Vorbehalt? —

2. Frage:

Sie dürfen 3 Dinge mitnehmen. Was nehmen Sie mit?

1) GEWEHR / SICHERHEIT

2) KOMPASS / UM AM ZIEL ZU FINDEN

3) BUCH / GEISTIG REGE BLEIBEN

Warum nehmen Sie gerade diese Dinge mit?

3. Frage:

Sie finden im Urwald einen Schlüssel.

a) Nehmen Sie Ihn mit? JA!

b) Warum lassen Sie ihn liegen, oder nehmen Sie ihn mit?
DA ES KEINEN ZUFALL GIBT, DENKE ICH, ER IST FÜR MICH BESTIMMT.

c) Wie sieht er aus? GROSS, ALT, VERROSTET.

d) Wozu gehört er wohl? ZU EINER ALTEN PYRAMIDE

4. Frage:

Sie kommen an einen Fluß.

a) Wie sieht er aus: BREIT, KLAR,
sauber/schmutzig - ruhig/reißend usw.

b) Hat es gefährliche Tiere darin? GELEGENTLICH!
Krokodile, Piranhas usw.

c) Überqueren Sie ihn? JA, MIT EINEM FLOSS, ABER EHT LANGE
ICH MICH EIN GUTES STÜCK VON IHM TREIBEN.

5. Frage:

Nehmen wir an, irgendwann überqueren Sie den Fluß. Sie
kommen drüben an eine Mauer.

a) Wie sieht die Mauer aus? ALT + HOCH, ETWAS VERFALLEN.

b) Gehen Sie hinüber? JA!

c) Wenn ja wie? ES HAT EIN TOR, DAS IST OFFEN.

d) Was liegt dahinter? EIN TEMPELBEZIRK MIT DER PYRAMIDE

Der Seereise-Test

Dies ist eine interessante Variante des Lebensweg-Testes, die ich Ihnen nicht vorenthalten möchte, weil sich die Aussagen zum Teil sehr gut ergänzen. Die Antworten auf die erste Frage sind identisch, nämlich nehmen Sie das Abenteuer an? Die Antwort auf die zweite Frage zeigt unter a) welche Ziele, Absichten oder Pläne Sie haben, unter b) welche Probleme Sie derzeit beschäftigen und unter c) welche Ängst Sie derzeit haben.

Die Antwort auf die dritte Frage zeigt unter a) welche Ziele Sie derzeit vor Augen haben und die Begründung dafür, unter b) wie das Schicksal derzeit empfunden wird und unter c) wie die seelische Situation ist.

Die Antwort auf die vierte Frage zeigt unter a) wie Sie sich selbst sehen und unter b) wieviel Sicherheit Sie derzeit haben.

Die Antwort auf die fünfte Frage zeigt unter a) welche Erkenntnisse Sie derzeit haben, worum Sie sich bemühen, unter b) welche Gefühle Sie derzeit bewegen und unter c) wie Sie die Ursache sehen sowie unter d) welche Dinge vielleicht unbearbeitet verschüttet wurden und unter e) welche Begegnungen Sie haben, denn die Schiffe sind Symbole für andere Menschen. Handelt es sich um friedliche Handelsschiffe oder um Kriegsschiffe oder um Piraten oder um eine schöne Jacht usw.

Die Antwort auf die sechste Frage zeigt unter a) wie Ihr Lebensziel aussieht, unter b) ob Sie das richtige Ziel gewählt haben und unter d) wie Sie Ihr Ziel nutzen.

Aus der Antwort auf die siebente Frage erkennen Sie, ob durch diese Übung etwas geklärt werden konnte, was sich verändert hat. Auf jeden Fall dürfte Ihnen dieser Test geholfen haben, sich und Ihre Situation etwas klarer zu sehen. Da hier die Antworten für sich sprechen, habe ich auf Beispiele verzichtet.

Fragebogen zumTest:

«Die Seereise»

1.Frage:

Sie bekommen eine Seereise geschenkt. Werden Sie fahren?

2: Frage:

a) Wohin werden Sie fahren?
b) Welche Bedenken haben Sie?
c) Worin sehen Sie die grösste Gefahr?

3. Frage:

Sie fahren los.

a) Wohin fahren Sie und warum dorthin?
b) Wie ist das Wetter?
c) Wie ist die See?

4. Frage:

Schauen Sie sich einmal das Schiff gründlich an.

a) Wie sieht es aus?
b) Wie sicher ist es?

5. Frage:

Angenommen es ist schönes Wetter, die See ist glatt wie ein Spiegel und Sie sehen ins Wasser. Was können Sie erkennen?

a) Sind Fische da?
b) Sind Pflanzen zu sehen?

c) Können Sie den Grund sehen?
d) Liegt da etwas auf dem Grund (verschüttet)?
e) Begegnen Ihnen andere Schiffe (welche)?

6. Frage:

Sie kommen an das Reiseziel.

a) Wie sieht es aus?
b) Fühlen Sie sich dort wohl?
c) Wen treffen Sie dort an?
d) Was machen Sie dort?

7. Frage:

Sie kommen wieder nach Hause. Hat sich durch Ihre Reise da etwas verändert?

Der Selbsterkenntnis-Test

Fast jeder Mensch hat irgendwo Probleme, die meisten finden jedoch nur deshalb keine Lösung, weil sie das Problem nicht klar erkennen. Diese Probleme hindern Sie, so richtig glücklich zu sein und sich selbst zu verwirklichen. Selbsterkenntnis aber ist stets der erste Schritt zur Selbstverwirklichung. Wer andere erkennt, ist klug, wer sich selbst erkennt, ist weise. Wir sollten aber auch die Konsequenzen aus dieser Selbsterkenntnis ziehen, denn Selbsterkenntnis ohne Konsequenzen daraus zu ziehen, ist Zeitverschwendung.

Zur Selbsterkenntnis brauchen wir die Bereitschaft, die Wirklichkeit wahrzunehmen; Wirklichkeit ist das, was wirkt, was unser Leben bestimmt.

Mit der Forderung: «Erkenne Dich selbst», also Dein wahres Selbst, hängt natürlich auch die weitere Forderung zusammen: «Sei Du selbst». Denn die meisten Menschen bemühen sich gar nicht, sich selbst zu sein, sie wollen sein wie andere, wie ein Idol, ein Vorbild. Sie wollen so reich sein oder glücklich oder tüchtig und vergessen dabei, dass man nicht wirklich glücklich werden kann, wenn man sich bemüht, zu sein wie ein anderer.

Wenn wir aber bereit sind, wir selbst zu werden, unser wahres Selbst zu verwirklichen, dann erkennen wir, dass dies das einzige Ziel unseres Lebens ist. Wir sind weder hier, um reich zu werden, noch ist es der Sinn des Lebens, nur einfach viel Spass zu haben, sondern es ist Zweck des Lebens, uns ständig neuen Schwierigkeiten zu stellen, und es ist der Sinn des Lebens, diese Schwierigkeiten optimal zu meistern und daran zu wachsen und zu reifen. Wenn dies nun der Sinn des Lebens ist, dann sollten wir eine neue Einstellung zu Schwierigkeiten entwickeln und sie als Aufgabe annehmen, anstatt uns nur darüber zu ärgern.

Alle Weisen sind sich einig, dass der Mensch als Mikrokosmos dem Makrokosmos entspricht, denn das Aussen ist nur ein Spiegelbild des Innen, und ich kann meine Verhältnisse nur ändern, indem ich mich selbst verändere. So wird Selbsterkenntnis zur Erkenntnis der Schöpfung und wir selbst zum Herrn unseres Schicksals.

Denn wie heisst es so schön: «Wer heute den Kopf in den Sand steckt, knirscht morgen mit den Zähnen». Wenn Sie aber bereit sind, der Wahrheit ins Gesicht zu sehen, dann wird Ihnen dieser Test dabei optimal helfen. Denn er ist in vielen Jahren gewachsen, immer umfangreicher geworden und dabei doch praktikabel geblieben.

Der erste Schritt ist «Die Bilanz», das Erkennen des «Real-Ich». Hierzu sollten wir einmal gründliche Gewissensforschung betreiben und auf mehreren Blättern zu den einzelnen Gebieten ausführliche Antworten erarbeiten. Das kann eine Zeit dauern, und doch ist es die beste Investition in unsere eigene Entwicklung.

Wenn das abgeschlossen ist, nämlich eine Investition in unsere Familie, Freunde, Bekannte stellen: «Wie seht ihr mich?» Bitte dabei sagen, dass es um Selbsterkenntnisse geht, nicht um Austausch von Komplimenten, damit die Antworten auch ehrlich und damit brauchbar sind. Dazu müssen wir natürlich die Bereitschaft mitbringen, auch einmal Kritik einzustecken, zu erkennen, dass andere uns in dem einen oder anderen Punkt doch nicht so vollkommen sehen, wie wir gedacht haben. Die Antworten der Freunde werden ohnehin in den seltensten Fällen mit unseren eigenen Antworten übereinstimmen, denn jeder betrachtet eine andere Facette unseres Seins, und alles zusammen wird der Wahrheit schon ziemlich nahe kommen.

Wenn wir so gründlich Bilanz gezogen haben, kommen wir zum zweiten Schritt, dem Ziel, dem «Ideal-Ich». Hier gibt es natürlich nur noch positive Antworten und wir klären gründlich ab, wie wir sein möchten, in allen Bereichen, und auch hier erwartet uns eine Überraschung. Wir werden in vielen Fällen erkennen, dass wir keineswegs geradezu auf dieses Ziel zusteuern, sondern ein ganzer Teil unserer täglichen Aktivitäten dient nicht nur diesem Ziel nicht: Oft verhindert er sogar, dass wir es erreichen.

Wenn wir nun genau wissen, was wir eigentlich wollen, dann müssen wir einmal prüfen, welche Mittel wir brauchen, um dieses Ziel zu erreichen, was wir lernen müssen oder uns abgewöhnen sollten, bis wir überblicken, was wir benötigen, um unser Ziel zu erreichen. Möglicherweise stellen wir dabei nur fest, dass unser Ziel einen solchen Aufwand gar nicht wert ist, und wir ersparen uns den Anlauf und die Frustration, auf halbem Weg aufgehört zu haben. Wir können uns in der Zeit lieber in die Sonne legen (falls sie gerade einmal scheint). Wollen wir aber dieses Ziel wirklich um jeden Preis erreichen, so stellen wir nun im vierten Schritt fest, wie wir diese Mittel optimal einsetzen: Ob wir uns für den schnellen Weg entscheiden oder lieber für den sichersten, oder ob wir es doch noch lieber bequem hätten usw.

Haben wir auch diesen Teil des Tests sorgfältig ausgefüllt, bleibt eigentlich nur noch eine Frage zu klären: «Wann fange ich an?» alles andere sollte ganz klar sein.

SELBSTERKENNTNIS - BLATT I

Die Bilanz Das "Real-Ich"	Das Ziel Das "Ideal-Ich"
Positiv - Negativ So sehe ich mich: Meine Eigenschaften Meine Talente Meine Fähigkeiten Meine Motivation Meine Intelligenz Meine Interessen Meine Ziele So sehen mich die Anderen: Das ganze noch einmal. Hierzu befragen Sie Ihre Familie, Freunde, Kollegen. Vergleichen Sie nun, wie Sie sich sehen und wie die Anderen Sie sehen. Das wird selten übereinstimmen aber meistens haben beide recht, jeder sieht nur etwas anders.	Nur Positiv So will ich sein: So will ich denken. So will ich fühlen. So will ich handeln. Das will ich können. Das will ich tun. Das will ich haben. Das will ich wissen. Das will ich sein. Das ist mein Endziel: Das sind meine Teilziele:
Positiv - Negativ Meine Lebensumstände: Familie: Beruf: Wohnort, Wohnung: Freunde, Bekannte, Nachbarn, Berufskollegen: Einkommen: Vermögen, Haus, Auto, Geld, Kapitalanlagen, Rente: Gesundheit, Harmonie, Zufriedenheit: Anerkennung, Titel, Auszeichnungen: Geistige Entwicklung, Selbstverwirklichung:	Die idealen Lebensumstände: Familie: Beruf: Wohnort, Wohnung: Freunde, Bekannte, Nachbarn, Berufskollegen: Einkommen: Vermögen, Haus, Auto, Geld, Kapitalanlagen, Rente: Gesundheit, Harmonie, Zufriedenheit: Anerkennung, Titel. Auszeichnungen: Geistige Entwicklung, Selbstverwirklichung:

SELBSTERKENNTNIS - BLATT II

Die Mittel	Der Weg
Was brauche ich - was habe ich?	So gehe ich vor!

Die Mittel	Der Weg
Das muss ich tun:	So beseitige ich die Hindernisse:
Das muss ich lassen:	So vermeide ich Fehler:
Das muss ich loslassen:	Das ist:
Das muss ich beschaffen:	der schnellste Weg:
z.B. Geld.	der beste Weg:
	der sicherste Weg:
So verdiene ich es zusätzlich:	Der optimale Zeitplan:
Der leiht es mir:	Prioritäten setzen.
So zahle ich es zurück:	Teilziele festlegen.
Diese Hilfsmittel brauche ich:	So bestärke ich mich in meiner Absicht:
(Bücher, Geräte, Karten, Kassetten, Schallplatten)	So halte ich sicher durch:
Das muss ich lernen:	Selbsthypnose,
Wo kann ich das lernen:	Psychokybernetik usw.
Wie lerne ich das:	
Diese Eigenschaften muss ich	Ist mein Problem unter den gegebenen Umständen nicht zu lösen, stelle ich 3 Fragen:
Stärken:	1.) Unter welchen Umständen wäre es zu lösen?
Entwickeln:	
Diese Hindernisse hat es:	2.) Wie schaffe ich diese Umstände?
Der hilft mir:	3.) Kann ich es dadurch lösen, dass ich meine Einstellung zu dem Problem ändere?

Dieser Selbsterkenntnis-Test kann durchaus auch zur Lösung von Teilproblemen eingesetzt werden. In dem folgenden Beispiel wurde das Problem gestellt, wie ein Schüler, 18 Jahre alt, an DM 10'000.- für ein eigenes Auto kommen kann. Scheinbar nicht so ganz einfach und doch wurde unter den gegebenen Möglichkeiten ein durchaus praktikabler Weg gefunden. Dabei standen keine besonderen Kenntnisse zur Verfügung ausser der deutlichen Sprachbegabung, die sich auch schon im Nachhilfeunterricht sowie bei verschiedenen Auslandsbesuchen bewährt hatte, und die Fähigkeit, man kann schon fast sagen, die besondere Begabung, Fahrräder zu reparieren. Er hatte sich nämlich für DM 50.- ein unbrauchbares Moped gekauft und es in mühevoller aber erfolgreicher Kleinarbeit wieder hergestellt, so dass er es für DM 600.- verkaufen konnte. Von dem Kapital waren DM 350.- übriggeblieben.

Genügend Motivation, um nicht bei den ersten Schwierigkeiten zu kapitulieren, war auch vorhanden sowie genügend Intelligenz und Kreativität, aber wenig Erfahrung, genaugenommen gar keine, woraus eine gewisse Unsicherheit resultierte. Diese Unsicherheit verschwand aber mit fortschreitender Testerstellung, weil sich immer mehr und teilweise unerwartete Möglichkeiten auftaten. So unterstützte die Mutter tatkräftig die Bemühungen, und auch der Vater war bereit, sich zu engagieren, wenn bewiesen werden konnte, dass das Ganze machbar sei. Danach wollte er sogar richtiger Teilhaber werden und auch eigenes Kapital zur Verfügung stellen. Einzige Auflage war, zuerst das Abitur, das unmittelbar bevorstand, zu machen.

Doch zunächst musste einmal aus den gegebenen Möglichkeiten die Optimale herausgefunden werden, und die Entscheidung fiel auf die Tätigkeit als Reiseleiter. Es zeigte sich nämlich bei diesen Überlegungen, dass das Risiko auf maximal DM 100.- für ein kleines Inserat zu beschränken war, wenn, wie der spätere Test bestätigte, damit eine feste Anmeldung erreicht wurde. Die Anzahlung reichte aus, um die weiteren Inserate zu finanzieren. Das war zwar ein gewisses Risiko, aber «wer nicht wagt, der gewinnt nicht», und ausserdem standen ja noch DM 250.- in Reserve, die allerdings nicht angegriffen werden mussten. Auf die Beteiligung des Freundes Werner wurde nach reiflicher Überlegung verzichtet, weil Vater ihn nicht so schätzte und er als wichtiger Teilhaber angesehen wurde. Die erste Reise zu den philippinischen Geistheilern wurde mit etwa DM 3'500.- Gewinn ein voller Erfolg, so dass aus dem Versuch vielleicht sogar ein Hauptberuf werden könnte.

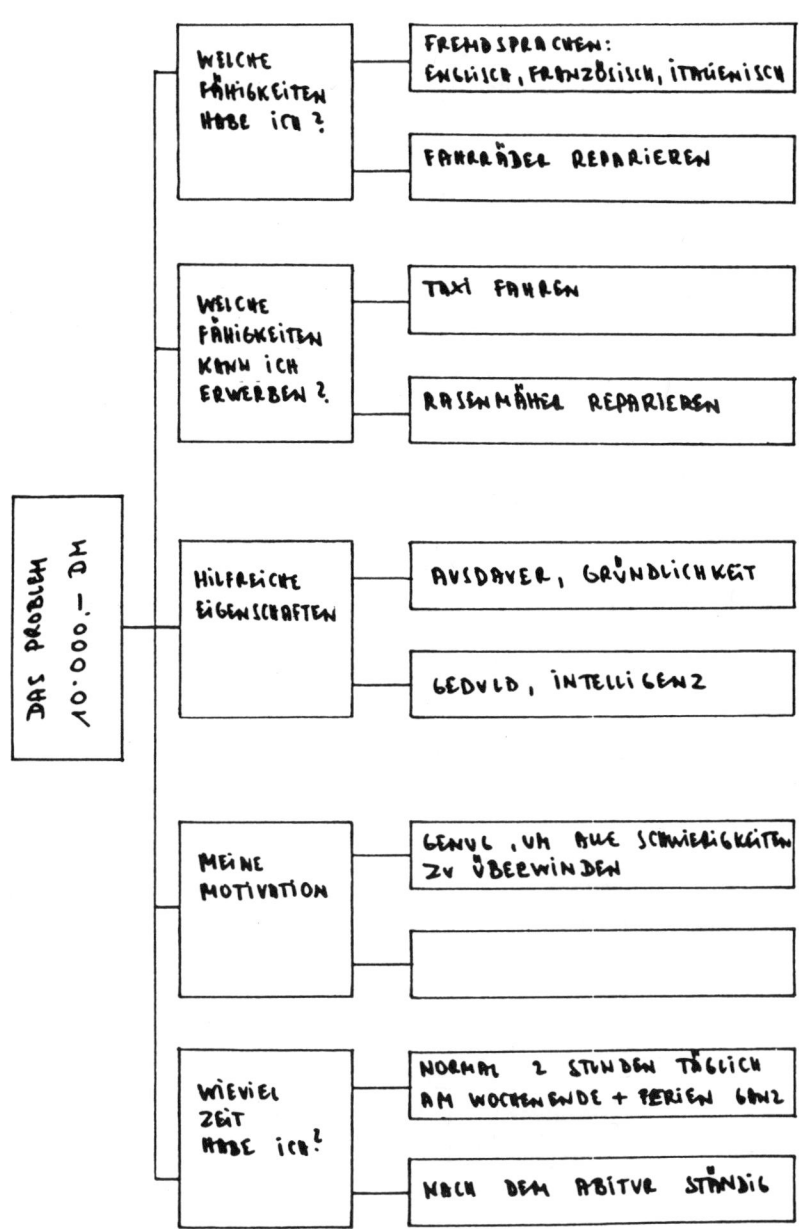

DAS PROBLEM DM 1.000.000,—

WELCHE FÄHIGKEITEN HABE ICH?
- FREMDSPRACHEN: ENGLISCH, FRANZÖSISCH, ITALIENISCH
- FAHRRÄDER REPARIEREN

WELCHE FÄHIGKEITEN KANN ICH ERWERBEN?
- TAXI FAHREN
- RASENMÄHER REPARIEREN

HILFREICHE EIGENSCHAFTEN
- AUSDAUER, GRÜNDLICHKEIT
- GEDULD, INTELLIGENZ

MEINE MOTIVATION
- GENUG, UM ALLE SCHWIERIGKEITEN ZU ÜBERWINDEN

WIEVIEL ZEIT HABE ICH?
- NORMAL 2 STUNDEN TÄGLICH AM WOCHENENDE + FERIEN GANZ
- NACH DEM ABITUR STÄNDIG

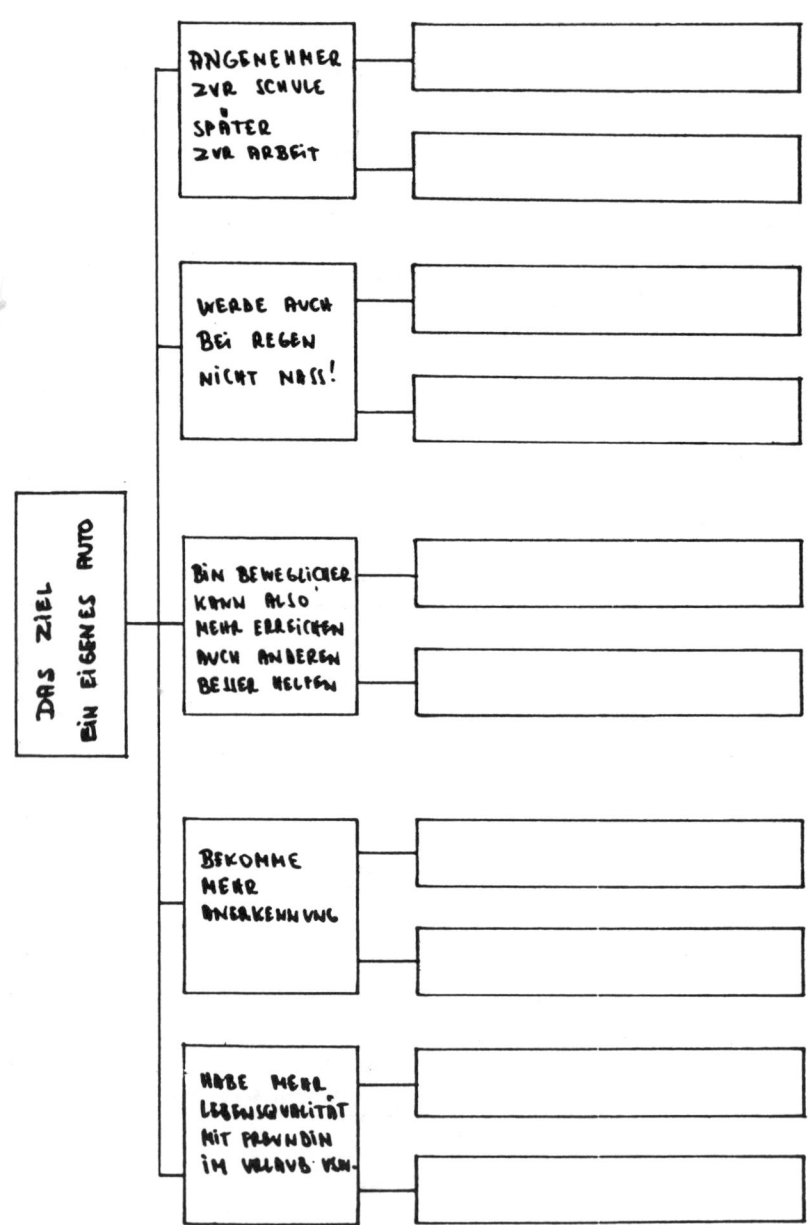

DAS ZIEL
EIN EIGENES AUTO

ANGENEHMER
ZUR SCHULE
SPÄTER
ZUR ARBEIT

WERDE AUCH
BEI REGEN
NICHT NASS!

BIN BEWEGLICHER
KANN ALSO
MEHR ERREICHEN
AUCH ANDEREN
BESSER HELFEN

BEKOMME
MEHR
ANERKENNUNG

HABE MEHR
LEBENSQUALITÄT
MIT FREUNDIN
IM URLAUB KÖN.

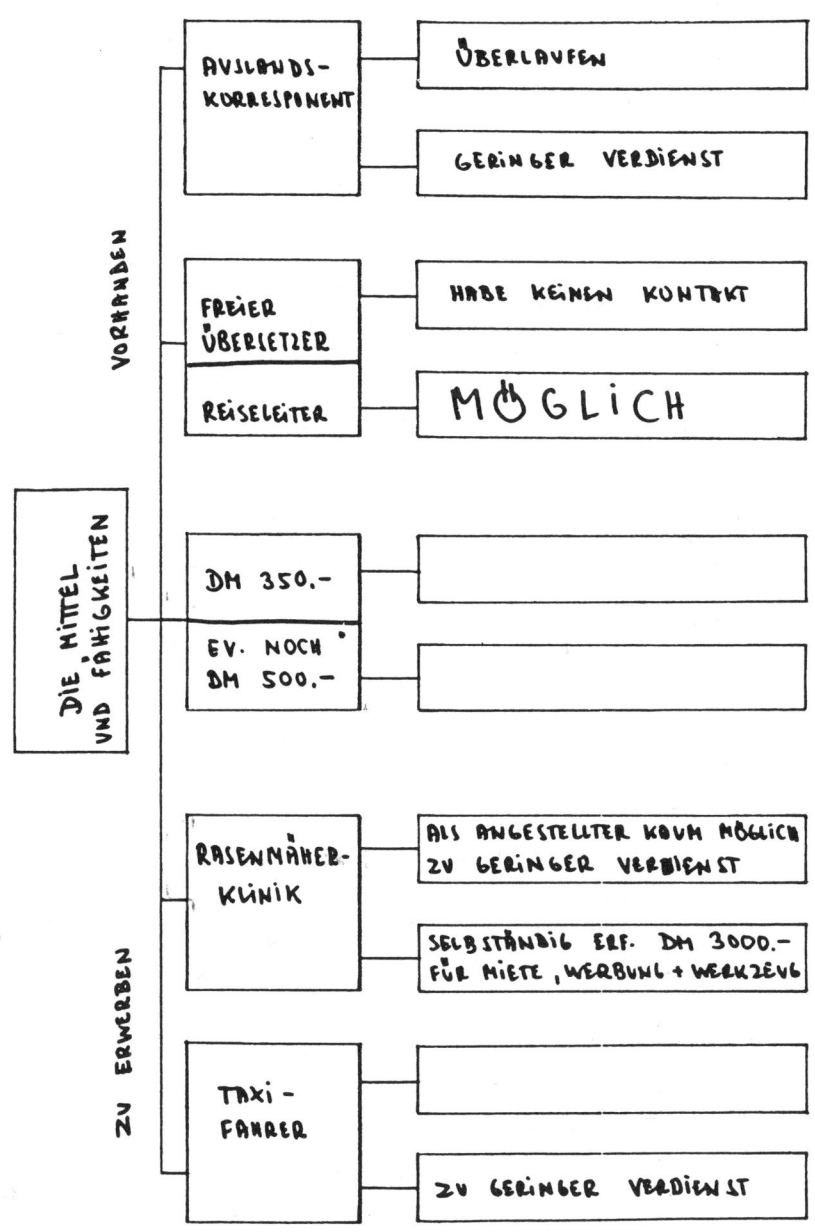

DIE MITTEL UND FÄHIGKEITEN

VORHANDEN

AUSLANDS-KORRESPONDENT
- ÜBERLAUFEN
- GERINGER VERDIENST

FREIER ÜBERSETZER
- HABE KEINEN KONTAKT

REISELEITER
- MÖGLICH

DM 350.-

EV. NOCH DM 500.-

ZU ERWERBEN

RASENMÄHER-KLINIK
- ALS ANGESTELLTER KAUM MÖGLICH ZU GERINGER VERDIENST
- SELBSTÄNDIG ERF. DM 3000.- FÜR MIETE, WERBUNG + WERKZEUG

TAXI-FAHRER
- ZU GERINGER VERDIENST

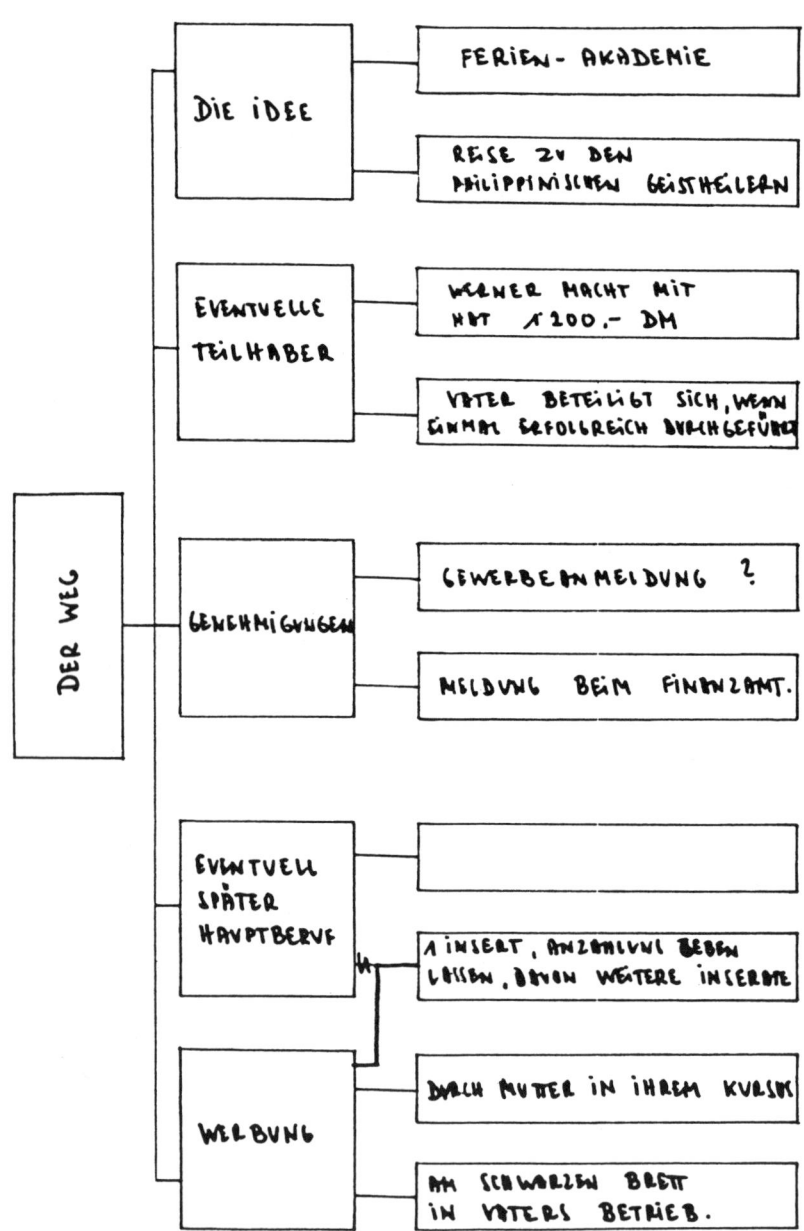

DER WEG

- DIE IDEE
  - FERIEN-AKADEMIE
  - RESE ZU DEN PHILIPPINISCHEN GEISTHEILERN

- EVENTUELLE TEILHABER
  - WERNER MACHT MIT MIT ↑200.- DM
  - VATER BETEILIGT SICH, WENN EINMAL ERFOLGREICH DURCHGEFÜHR

- GENEHMIGUNGEN
  - GEWERBEANMELDUNG ?
  - MELDUNG BEIM FINANZAMT.

- EVENTUELL SPÄTER HAUPTBERUF
  -
  - 1 INSERT, ANZEIGEN GEBEN LASSEN, DAVON WEITERE INSERATE

- WERBUNG
  - DURCH MUTTER IN IHREM KURSEN
  - AM SCHWARZEN BRETT IN VATERS BETRIEB.

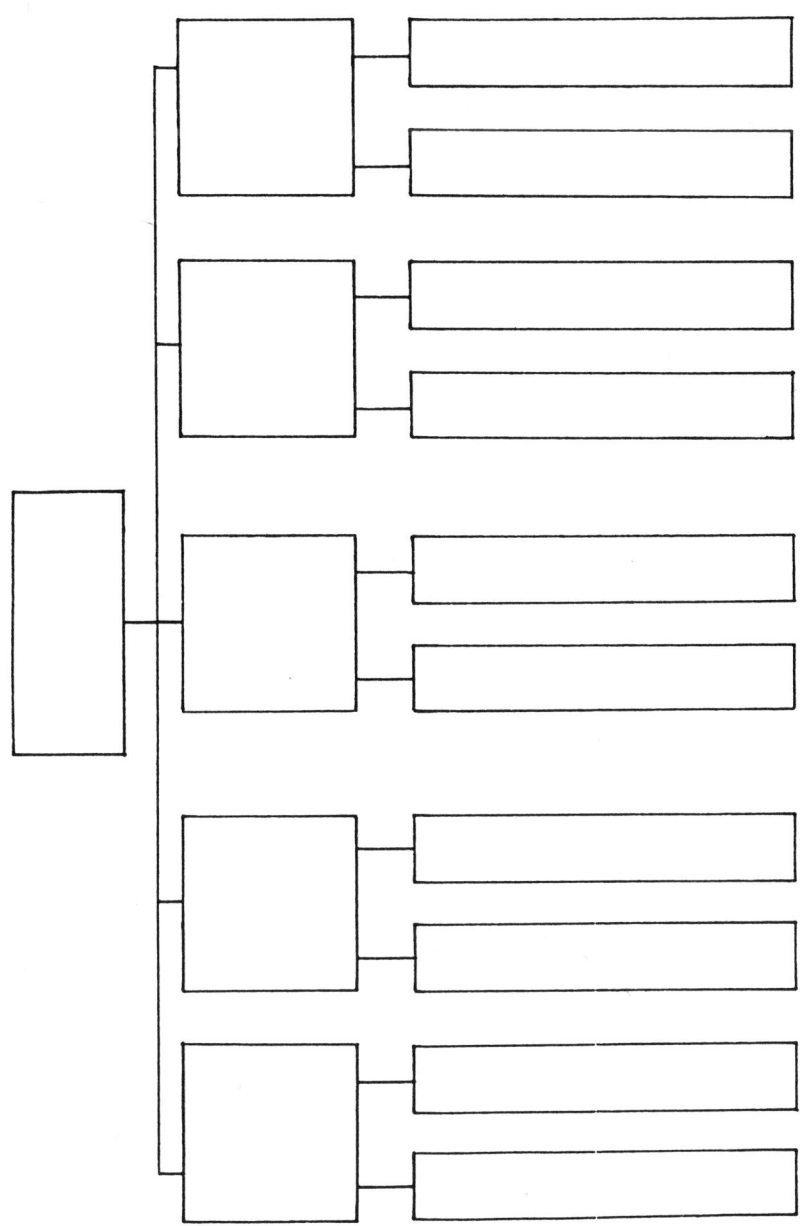

Der Dörfli-Test

Der bekannte Schriftsteller H.G. Welles beschrieb in einem seiner Bücher ein Spiel, das er früher mit seinen Kindern spielte. Viele kleine Spielzeughäuschen wurden auf dem Fussboden zu einem Dorf oder einer Stadt zusammengestellt. Dadurch angeregt, habe ich dieses Spiel auch einmal gespielt, aber mit Erwachsenen als Test und sehr schnell erkannt, dass jeder «sein» Dorf in einer ganz typischen Weise aufbaut, die interessante Rückschlüsse auf seine Situation, bzw. die Art und Weise, wie er seine Situation empfindet, zulässt.

Im Laufe der Zeit habe ich alles Überflüssige weggelassen und auch darauf verzichtet, diesen Test mit Figuren durchzuführen. Es wurden 10 Standardgebäude vorgegeben, die zu einem Dorf zusammenzustellen sind, und zwar nur noch auf dem Papier. Die Aussage ist die gleiche, aber man kann so, anhand der verschiedenen Zeichnungen, Vergleiche anstellen und noch nach Jahren die veränderte Situation deutlich erkennen.

Wenn jemand die Fabrik in die Vergangenheit zeichnet, kann man davon ausgehen, dass er bereits sein Geld verdient hat oder dass doch Arbeit und Geldverdienen nicht im Vordergrund stehen. Steht aber die Fabrik in der Zukunft, so will er sich erst noch damit auseinandersetzen oder zu einem späteren Zeitpunkt Geld verdienen.

Steht die Fabrik jedoch in der Gegenwart, so zeigt dies, dass er derzeit damit befasst ist, wobei wieder darauf zu achten ist, ob die Fabrik im mittleren Drittel steht, er sich also bewusst damit auseinandersetzt, oder im unteren Drittel des Blattes, so dass unbewusste Auseinandersetzung stattfindet. Steht die Fabrik in der oberen Hälfte des Blattes, so zeigt dies, dass Arbeit und Geldverdienen ein geistiger Prozess sind, steht sie dagegen in der unteren Hälfte des Blattes, so wird Arbeit und Geldverdienen

mehr als physischer Prozess empfunden. Das Gleiche gilt sinnge-
mäss für die anderen Gebäude. Hier nun die Erklärung für die
einzelnen Gebäude:

Erklärung:

Fabrik	– Einstellung zur Arbeit
Schloss	– Symbol für Wünsche
Kirche	– Einstellung zu Religion, Ethik und Moral
Friedhof	– Bezug zum Tod, zur Wandlung
Rathaus	– Bezug zu Norm oder Tradition
Schule	– Einstellung zum Lernen
Bahnhof	– Verbindung zur Aussenwelt
Gefängnis	– Bezug zur Innenwelt
Krankenhaus	– Einstellung zur Gesundheit
Eigenes Haus	– Der eigene Standort

Zeichnung im Querformat:	– Realistisch, Materialistisch, Sachlich
Zeichnung im Hochformat:	– Geistig orientiert, Aufstrebend

Obere Blatthälfte	– Geistige Ebene
Untere Blatthälfte	– Materielle Ebene
Oberes Blattdrittel	– Überbewusstsein
Mittleres Blattdrittel	– Bewusstsein
Unteres Blattdrittel	– Unterbewusstsein

Prüfen:

Wo sind die einzelnen Gebäude? – Geistige Ebene oder materielle Ebene in der Vergangenheit, Gegenwart, Zukunft, Überbewusstsein, Bewusstsein, Unterbewusstsein.

Wie differenziert gezeichnet? Welches Gebäude ist besonders liebevoll ausgearbeitet?
Hat der Bahnhof Schienen? Wenn ja, wo führen sie hin? Wo enden sie? Welche Gebäude stehen zusammen?
Wo ist der eigene Standort? In der Bildmitte = egozentrisch?
Welche Gebäude sind mit welchen durch Wege verbunden?
Wie wirkt die ganze Zeichnung? Liebevoll, nüchtern, verspielt?
Ist das Schloss (die Wünsche) übertrieben gross?
Welches andere Gebäude ist besonders gross? (betont)
Natürlich kann dieser Test auch mit Farben ausgeführt werden und erhält dadurch eine zusätzliche Aussage. Zur Auswertung teilen Sie die Zeichnung in neun gleiche Teile, wie das folgende Muster.

ÜBERBEWUSSTSEIN
(Geistige Ebene)

VERGANGENHEIT   BEWUSSTSEIN   ZUKUNFT
                       Gegenwart

UNTERBEWUSSTSEIN
(Materielle Ebene)

Bei der Betrachtung und Auswertung dieser Zeichnung fällt der eigene Standort in der Bildmitte sofort ins Auge. Man kann also davon ausgehen, dass bei diesem Menschen die eigenen Interessen im Mittelpunkt des Denkens stehen. Dem ist nur eines übergeordnet, die Kirche, also die Einstellung zu Religion, Ethik und Moral. Wenn wir die beiden Aussagen zusammenfassen, so handelt es sich hier um einen Menschen, der seine religiösen und geistigen Interessen in den Mittelpunkt seines Denkens, Handelns und Fühlens stellt. Arbeit und Geldverdienen gehören der Vergangenheit an, auch der Kontakt zur Aussenwelt; sogar die Schienen führen nur in die Gegenwart und hören dort plötzlich auf. Ein deutliches Zeichen, dass der Kontakt zur äusseren Wirklichkeit verloren gegangen ist.

Der Friedhof ist nicht, wie man vermuten könnte, neben der Kirche, sondern neben dem eigenen Standort. Es erfolgt also in der Gegenwart, und zwar bewusst, eine Auseinandersetzung mit dem Thema Tod und Wandlung. Obschon Arbeit und Geldverdienen sich in der Vergangenheit befinden, stehen in der Zukunft grosse Wünsche, symbolisiert durch ein übergrosses Schloss mit einem besonders hohen Zaun. Die junge Frau, um die es sich hier handelt, möchte sich und ihre Wünsche von der Aussenwelt abschirmen. Diese Wünsche aber sind nur halb bewusst, denn das Schloss befindet sich halb im unteren Drittel des Blattes.

Die Auseinandersetzung mit Tradition und Norm wird weit in die Zukunft verschoben, aber in den bewussten Teil der Zukunft. Sie weiss also, dass diese Auseinandersetzung einmal kommen wird. Die Schule steht unmittelbar am eigenen Standort, aber auf der Seite der Vergangenheit. Tatsächlich ist sie gerade mit dem Abitur von der Schule abgegangen, und so berührt sie das zwar noch direkt, ist aber doch bereits Vergangenheit. Es handelt sich hierbei sicher um eine interessante Persönlichkeit, die aber die eigenen Interessen etwas zu sehr in den Vordergrund stellt und etwas den Boden der Realität unter den Füssen verloren hat. Mit einem Wort: Sie hat etwas zu sehr abgehoben, doch das Leben wird sie schon wieder auf den Boden der Tatsachen zurückholen.

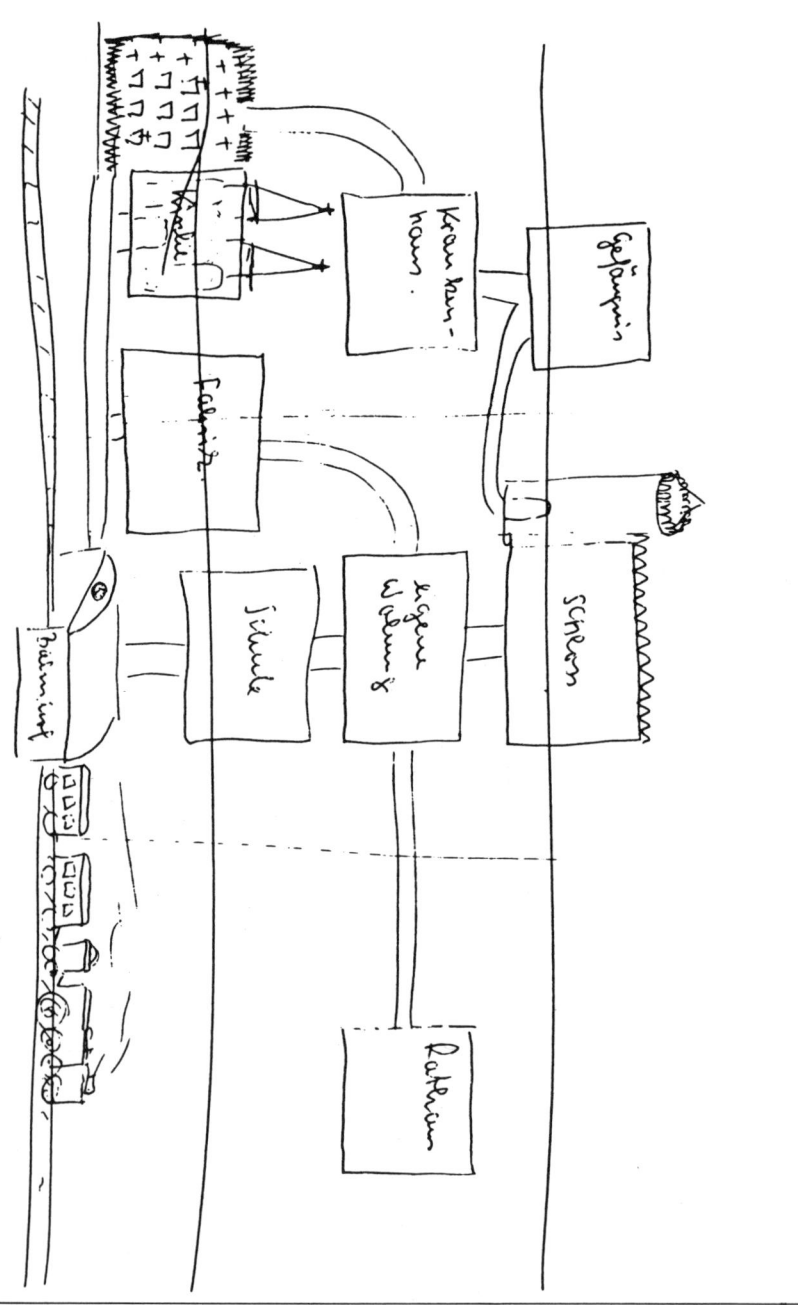

Auch hier ist der eigene Standort der Mittelpunkt der Zeichnung, aber es fällt auf, dass die Ausführung wesentlich sachlicher ist. Es handelt sich also um einen nüchternen, sachlichen und realistischen Menschen, der keine Umwege kennt, wenn es darum geht, die eigenen Ziele zu erreichen. Das sieht man auch daran, dass alle Gebäude auf kürzestem Weg miteinander verbunden sind. Es fällt auf, dass Schloss, Kirche und Zug etwas detaillierter ausgearbeitet sind. Das heisst, dass man sich eigene Gedanken über die Wünsche oder den Wunsch gemacht hat und dass diese Gedanken sich zu etwas konkreteren Vorstellungen verdichtet haben. Das gleiche gilt für Kirche und Friedhof. Hier findet offensichtlich eine Auseinandersetzung mit den Themen Religion, Ethik, Moral, Tod und Wandlung statt.

Schön, dass die Schienen aus der fernsten Vergangenheit bis in die Zukunft führen und dass der Zug so detailliert dargestellt wurde. Daraus ist zu erkennen, dass es sich um einen aufgeschlossenen Menschen mit vielfältigen Kontakten handeln muss, der seine Kontakte allerdings mehr achtet als sich selbst, denn der Bahnhof ist sehr karg gezeichnet. Tatsächlich handelt es sich um einen Herrn in gehobener Position im Aussendienst, der es versteht, Leute anzusprechen und für eine Sache zu begeistern. Seine Kleidung dagegen ist auffallend einfach.

Zu beachten ist, dass Kirche und Friedhof in der Vergangenheit liegen, dass dieses Thema also weitgehend verarbeitet ist, während die Fabrik halb in der Vergangenheit und halb in der Gegenwart liegt. Er hat also schon viel erreicht, will aber noch einiges erreichen, wie auch das Schloss zeigt, das allerdings in der Gegenwart liegt und zwar im geistigen Bereich. Auch der Turm weist auf ein geistiges Ziel hin, und tatsächlich möchte er sich ganz darauf konzentrieren, nur noch als Dozent tätig zu sein und die Ausbildung der Herren für den Aussendienst zu übernehmen. Dieses Ziel wird derzeit konzentriert angegangen, und dafür lernt er sehr viel, wie auch die Schule in der Gegenwart zeigt.

In die Zukunft weist eigentlich nur der Zug, der mehr in der Zukunft als in der Gegenwart fährt. Die Gegenwart wird also aktiv geändert, der Zug in die Zukunft ist bereits abgefahren. In der Zukunft liegt nur das Rathaus, also eine Absicht, sich aus einer

Norm und Tradition zu lösen. Er hat die Absicht, sich aus einer
Bindung zu lösen, schiebt das aber noch vor sich her.

99

Im Mittelpunkt dieser Zeichnung, und zwar im unbewussten Bereich, fällt das grosse Krankenhaus ins Auge. Tatsächlich besteht hier eine starke Belastung durch eine Krankheit, und eine Operation muss in nächster Zeit durchgeführt werden, so dass die unbewusste Angst zu erklären ist. Ansonsten stehen hier im Mittelpunkt das Lernen und die Auseinandersetzung mit Tradition und Norm. Der junge Mann ist noch in der Ausbildung, versteht sich aber nicht besonders mit seinen Eltern und möchte gern ausziehen, hat aber nicht die finanziellen Möglichkeiten, weshalb wohl auch der eigene Standort in der Zukunft liegt, und zwar in der bewussten Zukunft.

Auch der Bahnhof liegt in der Zukunft, woraus man schliessen kann, dass es derzeit noch einige Behinderungen im Kontakt mit der Aussenwelt gibt. In der Vergangenheit liegt die Kirche und der Friedhof, was darauf hinweist, dass in der Jugend die Themen Religion, Ethik und Moral sowie Tod eine Rolle gespielt haben dürften. Er konnte sich noch erinnern, dass er früher einmal grosse Angst vor dem Tod hatte und dass die Eltern verlangten, dass er regelmässig zur Kirche ging. In der letzten Zeit war er nicht mehr in der Kirche. Entsprechend steht die Kirche auch auf der Grenze von Vergangenheit zur Gegenwart.

In der Vergangenheit steht auch die Fabrik, also sollte ihn das Thema Arbeit und Geldverdienen früher einmal intensiv beschäftigt haben. Er hatte einige Schwierigkeiten, beruflich Fuss zu fassen, und es dauerte lange, bis er eine geeignete Lehrstelle fand, zumal er die erste Lehre nicht beendete, aber inzwischen hat er beruflich seinen Weg gefunden und lernt fleissig.

Natürlich hat er auch noch Wünsche, aber die werden in die Zukunft gezeichnet, wie auch das Gefängnis, also der Bezug zur Innenwelt. Hier ist offensichtlich noch einiges aufzuarbeiten, doch derzeit steht im Vordergrund die Auseinandersetzung mit den Eltern, das Lernen und die halb unbewusste Angst vor der weiteren Operation.

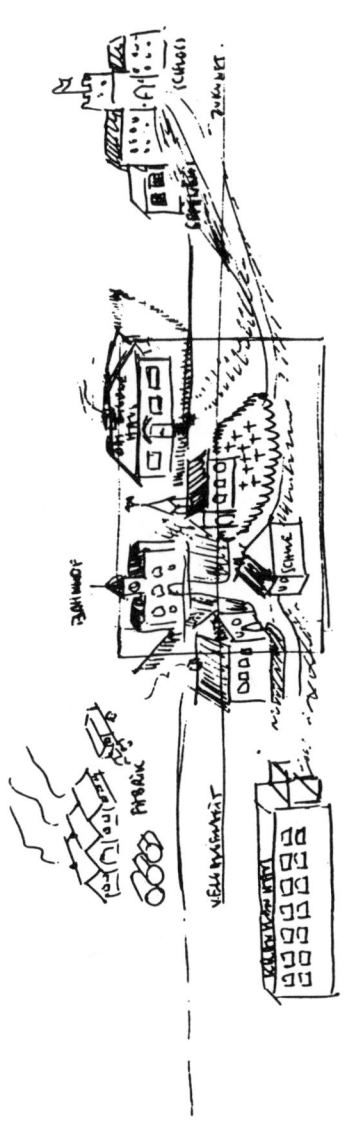

101

Der Erbschafts-Test

Dieser Test ist eine Imaginations-Übung. Sie sollten sich die Antworten daher nicht ausdenken, sondern die Augen schliessen, zum Haus gehen und sich alle Einzelheiten «ansehen» und so aufschreiben, wie Sie sie sehen, auch wenn es Ihnen nicht gefällt. Die Antworten auf die erste Frage zeigen Ihre Distanz zur Umwelt, wie gross die Barriere ist, die Sie erreicht haben und den Grad Ihrer Verschlossenheit.

Die Antwort auf die zweite Frage sagt etwas aus über die Art und Grösse Ihres Lebensraumes, Ihrer Situation, Ihr Millieu, in dem Sie leben, aber auch, ob Ihre Situation fruchtbar ist (Obst, Gemüse).

Die Antwort auf die dritte Frage zeigt, wie Sie auf andere wirken und wie Sie selbst dazu stehen. Wenn Ihnen etwas nicht gefällt, sollten Sie es ändern. Zunächst am Haus und damit wird sich auch eine Möglichkeit geben, es in der Realität zu ändern. Werden Sie sich auch darüber klar, warum Sie es ändern möchten. Ist es Eitelkeit, weil Sie sich oder anderen gefallen möchten, oder ist es mehr Zweckmässigkeit usw.

Die Antwort auf die vierte Frage gibt Aufschluss über Ihre Aufgeschlossenheit den Menschen gegenüber, ob Sie «zugänglich» sind. Ist die Tür zu klein, sollten Sie eine grössere Tür einbauen.

Die Antwort auf die fünfte Frage ist eine Aussage über Ihren privaten Lebensbereich. Sie erkennen daran, ob Sie Ihr Leben danach ausgerichtet haben, zu repräsentieren, oder ob Sie es verstehen, es sich gemütlich zu machen. Sie erkennen auch, ob Sie es verstehen, Atmosphäre herzustellen und zu verbreiten, so dass sich auch andere bei Ihnen wohl fühlen können.

Die Einrichtung Ihres Schlafzimmers zeigt die Intimspäre sowie die Einstellung zur Sexualität.

Die Küche ist ein Symbol der Erfüllung der Wünsche. Wenn sie gross ist, kann man davon ausgehen, dass Sie die Möglichkeit haben, sich Ihre Wünsche weitgehend zu erfüllen. Aus der Einrichtung ist aber auch die Art und Weise der Wunscherfüllung zu erkennen. Ist die Einrichtung einfach, wird auch die Wunscherfüllung nicht luxuriös ausfallen, sondern eben genügend.

Das Bad zeigt den Grad der seelischen Sauberkeit, die Toilette eventuell karmische Belastungen und die Möglichkeit, sich davon zu befreien. Wenn z.B. der Deckel nicht zu öffnen ist, zeigt dies, dass das Lösen von der Vergangenheit derzeit behindert ist usw.

Die Antwort auf die neunte Frage zeigt die Situation in Ihrem Unterbewusstsein. Der Keller ist das Symbol für das Unbewusste. Sollten Sie ängstlich sein, dürften sie dort die Ursache dafür erkennen können, und sieht es unordentlich aus, so sollten Sie Ordnung schaffen, also z.B. regelmässig meditieren und Psychohygiene treiben, sich also täglich einmal in einer Art Rückschau über den Tag klar werden und die Ereignisse eines jeden Tages spätestens dann aufarbeiten. So wird allmählich der Keller ordentlich werden, bis alles wieder «in Ordnung» ist.

Der Speicher ist das Symbol für die geistige Situation. Er sollte möglichst hell sein, sonst sollten Sie einen Weg finden, den Speicher zu «erleuchten». Sehen Sie sich auch an, was da eventuell herumliegt, und schaffen Sie Ordnung. Oft sind es auch Dinge aus unserem geistigen Erbe, die wir noch nicht in Besitz genommen haben. Hier können Sie sehr interessante Entdeckungen machen.

Die Antwort auf die Frage elf zeigt, wo sich Ihr Leben im Wesentlichen abspielt, wo das Hauptgewicht liegt und wie Sie mit Ihrem Haus sich auch bald in der äusseren Welt manifestieren, deshalb ist es ratsam, diese Übung zu wiederholen, um die Fortschritte zu erkennen und «Notwendiges» zu tun, bis Sie Ihre Situation wirklich beherrschen.

Fragebogen zum Test:

«Erbschaft»

1. Frage:

Sie haben ein Haus geerbt. Heute wollen Sie Ihr neues Haus in Besitz nehmen. Sie schliessen die Augen und machen sich geistig auf den Weg, um es sich anzusehen.
Nun stehen Sie davor.

a) Hat es einen Zaun oder eine Mauer drumherum?
b) Wie sieht die Umzäunung aus?
c) Ist das Tor verschlossen?

2. Frage:

Für den Fall, dass es verschlossen ist, haben Sie den passenden Schlüssel. Sie öffnen das Tor und gehen in den Garten.
Wie sieht der Garten aus?

(Gross, klein, gepflegt, wild, Blumen, Obst, usw.).

3. Frage:

Nun stehen sie vor dem Haus und schauen es sich von aussen an.

a) Wie sieht es aus? (Gepflegt, verwahrlost, streng, freundlich, usw.).
b) Was gefällt Ihnen am Haus am besten?
c) Was gefällt Ihnen gar nicht?
d) Warum gefällt es Ihnen (nicht)?
e) Was werden Sie ändern?
f) Warum?

4. Frage:

Wie sieht die Eingangstür aus?

5. Frage:

Sie kommen ins Wohnzimmer.

a) Wie wirkt es auf Sie? (Grosszügig, beengt, steif, gemütlich, usw.).
b) Sie sehen aus dem Fenster, was sehen Sie?

6. Frage:

Sie werfen einen Blick ins Schlafzimmer. Wie ist es eingerichtet? (Einfach, luxuriös, gemütlich, alt usw.).

7. Frage:

Sie kommen zur Küche. Wie gross ist die Küche?

8. Frage:

Sie gehen ins Bad.

a) Wie wirkt das Bad?
b) Wie sieht die Toilette aus?

9. Frage:

Sie gehen einmal in den Keller.

a) Ist es dort dunkel/hell?
b) Geordnet/unaufgeräumt?
c) Gibt es Vorräte oder nicht?

10. Frage:

Sie gehen nun einmal auf den Speicher.

a) Ist es dort dunkel/hell?
b) Geordnet/unaufgeräumt?
c) Gibt es Grümpel, wenn ja was?

11. Frage:

a) In welchem Raum fühlen Sie sich am wohlsten?
b) Welcher Raum ist der grösste?
c) Werden Sie dort allein leben/mit wem?
d) Was werden Sie dort tun?

12. Frage:

Nachdem Sie nun Ihr Erbe angetreten haben, lösen Sie sich langsam wieder aus der Situation, gehen wieder hinaus und sind wieder ganz im Hier und Jetzt. Sie sind wieder ganz bewusst im Hier und Jetzt!

Fragebogen zum Erbschafts-Test.

Margrid

---

1. Frage.

Sie haben ein Haus geerbt. Heute wollen Sie Ihr neues Haus in Besitz nehmen. Sie schliessen die Augen und machen sich geistig auf den Weg, um es sich anzusehen. Nun stehen Sie davor.

a) Hat es einen Zaun oder eine Mauer drumherum: *nein*

b) Wie sieht die Umzäunung aus: *eingesäumt von grünen Büschen u. Bäumen*

c) Ist das Tor verschlossen: *nein, weil geöffnet*

2. Frage.

Für den Fall, dass es verschlossen ist, haben Sie den passenden Schlüssel. Sie öffnen das Tor und gehen in den Garten.

Wie sieht der Garten aus: *grün, einen Park an die Natur*

(Gross, klein, gepflegt, <u>wild</u>, Blumen, Obst usw.)

3. Frage.

Nun stehen Sie vor dem Haus und schauen es sich von aussen an.

Wie sieht es aus: *herrschaftlich, stabil, beschützend*

(Gepflegt, <u>verwahrlost</u>, streng, <u>freundlich</u> usw.)

b) Was gefällt Ihnen am Haus am Besten: *hohe Fenster, Giebel, Haustüre*

c) Was gefällt Ihnen garnicht: *das es verwahrlost ist*

d) Warum gefällt es Ihnen(nicht): *ich mag die Verkommenheit des Hauses nicht*

e) Was werden Sie ändern: *es muss eine leuchtende Fassade erhalten.*

f) Warum: *es soll wieder im alten Glanz erstehen, es soll es mir passen.*

4. Frage.

Wie sieht die Eingangstür aus: *groß, massiv, einladend, mit Oberfenster*

5. Frage.

Sie kommen ins Wohnzimmer.

a) Wie wirkt es auf Sie: *einladend, hoch, große Bilder, viele Sitzmöbel*

(grosszügig, <u>Beengt</u>, Steif, <u>gemütlich</u> usw.)

b) Sie sehen aus dem Fenster, was sehen Sie: *einen traumhaft verwilderten Garten, ringsum grün, Wasser, Bäume, mein Pferd.*

6. Frage.

Sie werfen einen Blick ins Schlafzimmer, wie ist es eingerichtet: *helle Möbel, viel Licht, sehr großes Bett*

(<u>einfach</u>, Luxuriös, <u>gemütlich</u>, alt usw.)

7. Frage.

Sie kommen zur Küche. Wie gross ist die Küche: *groß, alt, gemütlich*

8. Frage.

Sie gehen ins Bad.

a) Wie wirkt das Bad: *einladend, luxuriös, sauber*

b) Wie sieht die Toilette aus: *klein, sauber, gemütlich warm*

9. Frage.

Sie gehen einmal in den Keller.

a) Ist es dort dunke/hell:.............................

b) Geordnet/unaufgeräumt: *sehr geordnet, sehr sauber, groß*...

c) Hat es Vorräte, oder nicht:. *Wein., sonst nichts*.........

1o. Frage.

Sie gehen nun einmal auf den Speicher.

a) Ist es dort dunkel/hell: *hell, durch die Dachfenster scheint Sonne*

b) Geordnet/unaufgeräumt. *Staubig, wirrer los,*..............

c) Hat es Gerümpel, wenn ja was: *große Bilder, Bücher, Spielsachen, Schränke*

11.Frage. *Truhen, alle Garderobe, Tagebücher*

a) In welchem Raum fühlen Sie sich am wohlsten: *Wohnraum.*

b) Welcher Raum ist der grösste: *der Wohnraum m. den großen Fenstern*

c) Werden Sie dort allein leben/mit wem: *allein*...........

d) Was werden Sie dort tun: *versuchen mich mit musischen Dingen zu beschäftigen, im Garten arbeiten, viele Kinder einladen*...........

12. Nachdem Sie nun Ihr Erbe angetreten haben, lösen Sie sich langsam wieder aus der Situation, gehen wieder hienaus und sind wieder ganz im Hier und Jetzt. Sie sind wieder ganz bewusst im Hier und Jetzt!

110

Die Testperson ist eine Frau Mitte vierzig. Die Antwort auf die erste Frage zeigt, dass sie sehr offen ist, denn sie hat überhaupt keinen Zaun, also keine Barriere zur Umwelt, und auch das Tor ist weit geöffnet, fast müsste man prüfen, ob sie nicht mitunter zu offen ist.

Ihr Grundstück ist eingerahmt von der Natur, und auch der Garten ist grün, gross, wild, und es gibt Blumen und Obst. Sie hat eine starke Verbundenheit zur Natur, und ihre Situation trägt Früchte. Aus der Antwort auf die Frage drei erkennen wir, welchen Eindruck sie auf andere macht: Freundlich, beschützend, stabil, aber auch etwas verwahrlost, was auch mit vernachlässigt übersetzt werden kann. Ihr gefällt, dass das Haus nicht in Ordnung ist, dass es vernachlässigt ist, und sie erkennt, dass die Werte verkommen, und sie wünscht sich, dass es wieder so wird, wie es früher einmal war, so dass es zu ihr passt, mit einem Wort, dass sie wieder sie selbst wird. Die Eingangstür ist gross und hat noch zusätzlich Oberfenster, also auch hier wird die Öffnung für die Menschen stark betont.

Ihr privater Lebensbereich, das Wohnzimmer, ist einladend, grosszügig, gemütlich und hat viele Sitzmöbel und ebenso ist auch ihre Art zu leben. Wenn man so viele Sitzmöbel hat, muss man auch darauf achten, dass man nicht die falschen Leute zum Verweilen einlädt. Der Blick aus dem Fenster zeigt das Zukunftsideal, also hier natürlich zu sein. Das Schlafzimmer ist hell, hat viel Licht, einfach aber gemütlich und hat ein grosses Bett, also sehr viel Platz für den Partner, wobei wieder die Gefahr besteht, dass der sich zu breit macht.

Die Küche ist gross, alt, gemütlich. Hier ist also ein grosser, alter Wunsch offen geblieben und doch ist die Gemütlichkeit da. Aber die Grösse zeigt auch, dass grosse Möglichkeiten zur Erfüllung gegeben sind.

Das Bad und entsprechend die seelische Situation ist sauber, einladend, ja luxuriös, die karmische Loslösung klein aber gemütlich. Hier sollte ein Weg geschaffen werden, die Toilette zu vergrössern, damit die karmische Situation schneller bereinigt werden kann. Das Unbewusste ist sehr sauber, gross, aber dunkel, also sollte man versuchen, Licht hineinzubringen. Was der grosse

Weinvorrat zu bedeuten hat, müsste durch Befragung geklärt werden, weil dies so keine deutliche Aussage ist.
Die geistige Situation ist hell, aber unaufgeräumt, und vieles ist nicht in Besitz genommen. Ihr Wunsch ist es, allein zu leben, aber mit grossen Fenstern, also Öffnung nach draussen, und zu versuchen, wieder sie selbst zu sein.

Fragebogen zum Erbschafts-Test.

---

1. Frage.

Sie haben ein Haus geerbt. Heute wollen Sie Ihr neues Haus in Besitz nehmen. Sie schliessen die Augen und machen sich geistig auf den Weg, um es sich anzusehen. Nun stehen Sie davor.
a) Hat es einen Zaun oder eine Mauer drumherum:..*Ja*..........
b) Wie sieht die Umzäunung aus: *ein schmiedeeiserner Zaun*
c) Ist das Tor verschlossen:..*Nein*....................

2. Frage.

Für den Fall, dass es verschlossen ist, haben Sie den passenden Schlüssel. Sie öffnen das Tor und gehen in den Garten.
Wie sieht der Garten aus:.*ein grosser Park, dahinter*.....
(Gross, klein, gepflegt, wild, Blumen, Obst usw.) *Obstgarten*

3. Frage.

Nun stehen Sie vor dem Haus und schauen es sich von aussen an.
Wie sieht es aus:.*freundlich und gepflegt, herrschaftlich.*
(Gepflegt, verwahrlost, streng, freundlich usw.)
b) Was gefällt Ihnen am Haus am Besten:.*die klare Front*....
c) Was gefällt Ihnen garnicht:.*der Eingang ist zu klein.*
d) Warum gefällt es Ihnen(nicht):*Ich liebe grosse Türen.*
e) Was werden Sie ändern:.*die Tür grösser machen*........
f) Warum:.*Damit die Menschen leichter rein können.*

4. Frage.

Wie sieht die Eingangstür aus:.*eine neue schmale Tür*...

5. Frage.

Sie kommen ins Wohnzimmer.
a) Wie wirkt es auf Sie:.*grosszügig und gemütlich*.....
(grosszügig, beengt, steif, gemütlich usw.)
b) Sie sehen aus dem Fenster, was sehen Sie:.*den Park, vor*
.*dem Haus auf der Strasse Menschen.*...............

6. Frage.

Sie werfen einen Blick ins Schlafzimmer. Wie ist es eingerichtet:.*klein, einfach aber gemütlich*.........
(einfach, luxuriös, gemütlich, alt usw.)

7. Frage.

Sie kommen zur Küche. Wie gross ist die Küche: *grosse Wohnküche*

8. Frage.

Sie gehen ins Bad.
a) Wie wirkt das Bad:..*vornehm, herrschaftlich.*........
b) Wie sieht die Toilette aus:..*altdeutsch*.............

113

9. Frage.

Sie gehen einmal in den Keller.

a) Ist es dort dunkel/hell:.. *dunkel, kaum Licht machen.*

b) Geordnet/unaufgeräumt:.. *ziemlich voll aber ordentlich*

c) Hat es Vorräte, oder nicht:.. *viele Vorräte* ....

10. Frage.

Sie gehen nun einmal auf den Speicher.

a) Ist es dort dunkel/hell:. *hell, Sonne scheint rein* ...

b) Geordnet/unaufgeräumt *teils teils aufgeräumt, andere Gerümpel*

c) Hat es Gerümpel, wenn ja was:.. *alte Schränke + Truhen* ...

11. Frage.

a) In welchem Raum fühlen Sie sich am wohlsten: *Wohnzimmer*

b) Welcher Raum ist der grösste:.. *Der Speicher* ....

c) Werden Sie dort allein leben/mit wem:.. *allein mit Freunden*
auf und zu.

d) Was werden Sie dort tun:. *lesen, lernen* ....
meditieren, schreiten, diskutieren. ....

12. Nachdem Sie nun Ihr Erbe angetreten haben, lösen Sie sich
langsam wieder aus der Situation, gehen wieder hienaus und
sind wieder ganz im Hier und Jetzt. Sie sind wieder ganz
bewusst im Hier und Jetzt!

114

Der «Ich zeichne mein Problem-Test»

Es ist erstaunlich, dass die meisten Menschen auf Anhieb in der Lage sind, ihr Problem zu zeichnen und daraus erkennen können, worin das Problem eigentlich im Wesentlichen besteht. Noch erstaunlicher finde ich, dass jeder auch die Lösung seines Problems zeichnen kann und daraus erkennt, was zu tun ist.

Eine typische Zeichnung enthält meistens einen Weg, der durch ein Hindernis, im ersten Beispiel eine Mauer, versperrt ist. Hier, so stellte sich heraus, bestand das Hindernis in der Schwiegermutter, die versuchte, auf alles Einfluss zu nehmen und eigentlich bestimmte, wie die Kinder zu erziehen seien, wie das Geld auszugeben ist, ja sogar, wohin die ganze Familie in Urlaub fährt, denn Hitze konnte sie nicht mehr vertragen. Der Familienvater war schon bei einem Psychologen gewesen, der ihm geraten hatte zu versuchen, an seiner Schwiegermutter einmal die guten Seiten zu entdecken, oder wenn er keine finden sollte, doch glücklich zu sein, dass er nur eine hat, doch das hatte ihn nicht weitergebracht. Erst als er sein Problem einmal zeichnete und danach auch die Lösung des Problems, erkannte er, was zu tun ist: Nämlich sich Schritt für Schritt aus der Umklammerung zu befreien und so die engen Grenzen allmählich immer weiter zu machen, bis er wieder zur Sonne kommt, also alles wieder «goldrichtig» ist. So bestand er darauf, diesmal nach Spanien in Urlaub zu fahren, was sich die Familie schon immer gewünscht hatte, und die Schwiegermutter fuhr beleidigt zu ihrer Schwester in den Schwarzwald. Es wurde der schönste Urlaub und ermutigte, in kleinen Schritten weiterzumachen, und heute besteht dieses Problem schon längst nicht mehr. Sogar die Schwiegermutter wurde nach einiger Zeit des Gekränktseins verständnisvoll, und heute lebt man miteinander und nicht mehr gegeneinander. Der erste Schritt hierzu war die Zeichnung der Lösung des Problems. Bei dem zweiten Beispiel war die Situation noch ernster, denn die junge Frau war akut selbstmordgefährdet. So steht ihr in der Zeichnung das Wasser auch nicht nur bis zum Hals, sondern bereits so hoch, dass sie nicht mehr atmen kann. Doch auch sie erkannte bei der Zeichnung die Lösung des Problems, dass sie Stufe für Stufe selbst aus der Tiefe herausgehen müsse, obwohl sie anfangs glaubte, dass ihr hierzu die Kraft fehle (keine Haare). Doch inzwischen hat sie es geschafft, und die schwarzen Wolken über ihrem Haupt sind verschwunden.

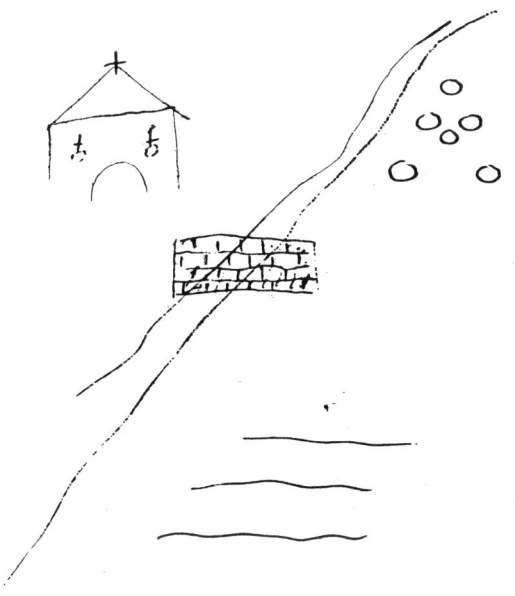

Start

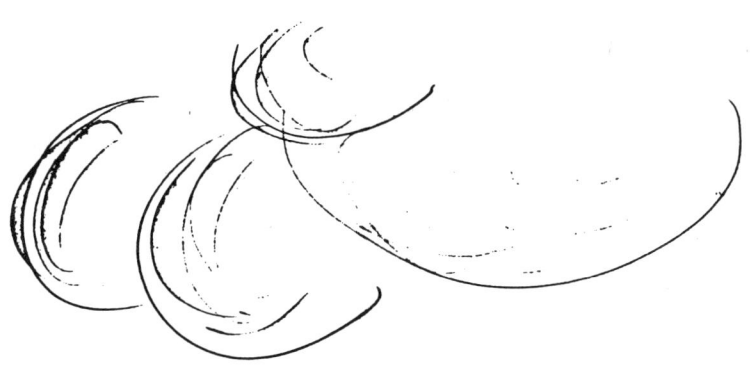

Meer!

Probieren sie es doch einmal selbst. Dabei sollten Sie sich das Bild Ihres Problems oder der Lösung nicht selbst ausdenken, sondern die Augen schliessen und sich gedanklich mehrfach sagen: «Ich sehe jetzt ein Bild meines Problems oder der Lösung für mein Problem vor mir, das Bild wird immer deutlicher. Ganz deutlich erkenne ich nun das Bild meines Problems oder der Lösung vor mir» usw. Wenn Sie dann vielleicht eine Minute warten, entsteht das Bild auf Ihrem geistigen Bildschirm. Mitunter «sehen» Sie es zwar nicht, «wissen» aber plötzlich genau, wie es aussieht. Auf jeden Fall aber können Sie es zeichnen. Dazu bedarf es auch keiner besonderen zeichnerischen Begabung. Nehmen Sie einfach ein Blatt Papier und einen Bleistift und fangen Sie an.

Das Ergebnis zeigt, dass wir kein Problem haben können, für das wir nicht auch bereits die Lösung in uns tragen, nur sind wir oft zu beschäftigt, um sie zu erkennen.

Der Tagebuch-Test

Angeregt durch einen Artikel über *Ira Progoff,* einen New Yorker Psychologen, der den Amerikanern in Seminaren hilft, über das Tagebuchschreiben zum Sinn ihres Lebens zu finden, habe ich mich erinnert, dass ich selbst einige Jahre genau Tagebuch geführt habe. Als ich meine alten Tagebücher noch einmal durchsah, war ich sehr überrascht festzustellen, dass daraus schon sehr früh der rote Faden zu erkennen war, der sich durch mein ganzes Leben ziehen sollte.

Die Eintragungen aus der alten Zeit, als ich siebzehn war, liessen klar erkennen, dass es damals für meine Freunde schon selbstverständlich war, sich mit ihren Problemen an mich zu wenden, und dass sie nicht nur ganz selbstverständlich erwarteten, dass ich mich dafür interessierte, sondern auch, dass ich eine Lösung fand. Und wenn ich mir damals bei meinen Aufzeichnungen nicht etwas vorgemacht habe, dann habe ich auch in den meisten Fällen eine Lösung gefunden.

In der Rückschau erkenne ich, dass ich mein ganzes bisheriges Leben nichts anderes getan habe, als zu helfen, ihre Probleme zu lösen, und dass mir das auch noch Spass gemacht hat. Stets war ich beratend oder unterrichtend tätig. Hätte ich damals schon meine Aufzeichnungen aufmerksam durchgelesen, wie heute, wäre mir mancher Umweg erspart geblieben.

Tatsächlich ist das Tagebuch-Schreiben sehr viel mehr als das chronologische Aufzeichnen von Tatsachen, nämlich ein hervorragender Weg, aus den aufgezeichneten Gefühlen und Reaktionen auf die Ereignisse im Leben Richtung und Aufgabe seines Lebens zu erkennen. Offensichtlich ist unserem Leben ein Konzept vorgegeben, das wir erfüllen müssen, wenn wir eines Tages auf ein erfülltes Leben zurückblicken wollen. Ich bin überzeugt, dass wir in jeder neuen Inkarnation unser eigenes geistiges Erbe antreten, dass wir mit einer bestimmten Absicht in dieses Leben getreten sind, die wir zumindest kennen sollten, um sie soweit als möglich erfüllen zu können. Das Tagebuch-Schreiben ist offensichtlich ein hervorragender Weg, unsere Innenwelt zu betreten und das für unser Leben bestimmende Konzept zu erkennen. Dazu bedarf es keiner psychologischen Vorkenntnisse; es genügt, dass wir einmal wirklich in einen Dialog mit uns selbst eintreten und uns selbst ehrlich antworten. Dann ist praktisch jeder in der Lage, ein Gespür für diese innere Realität zu entwickeln. Mitunter gleicht der Verlauf unseres Lebens einer Landkarte. Es geht lange geradeaus, um an einer bestimmten Kreuzung plötzlich abzubiegen, was dem Leben eine entscheidende Wendung geben kann.

Die erste Frage, die wir uns schriftlich beantworten sollten, lautet: «Wo stehe ich jetzt in meinem Leben?» Die Antwort sollte nicht bewertet werden, sondern es sollte eine möglichst bildhafte Vorstellung sein, die wir so akzeptieren, wie sie kommt. Einfach aufschreiben, was uns zu dieser Frage im Moment in den Sinn kommt.

Ein umfangreiches Kapitel könnte die Überschrift tragen: «Erinnerungen». Hierbei geht es nicht darum, eine chronologische Folge der Ereignisse zu erarbeiten, sondern die wichtigsten Stationen, die hervorragendsten Erlebnisse und die bedeutendsten Menschen zu beschreiben. Gewissermassen die Meilensteine des eigenen Lebens. Die Ereignisse, die das weitere entscheidend geprägt haben, oder die Menschen, die uns besonders beeindruckt haben, aber auch die Menschen nicht vergessen, mit denen wir, aus welchem Grund auch immer, besonders schwer zurecht gekommen sind.

Interessant ist es auch, zu verfolgen, was gewesen wäre, wenn dieses oder jenes Ereignis nicht eingetreten wäre und Ihr Leben verändert hätte. Wohin hätten Sie sich dann entwickelt? Oder wie hätten Sie sich entschieden, wenn Sie damals dieser Mensch nicht beeinflusst hätte usw. Wir erkennen dann oft, dass ein bestimmtes Ereignis einfach kommen musste, dass eine Begegnung unbedingt erforderlich war, um wieder zu sich selbst zu finden. Seltener werden wir erkennen, dass uns jemand von unserem Weg abgebracht hat, und wir erst auf vielen Umwegen zu uns zurückfanden. Noch schlimmer wäre es, zu erkennen, dass wir noch immer nicht zurückgefunden haben und dass eine Korrektur des Weges überfällig ist. Doch auch dann sollten wir dankbar die Chance erkennen und ergreifen.

Das interessanteste Erlebnis aber könnte es sein, einmal mit diesen Ereignissen, Dingen und Menschen, die unser Leben verändert haben, in einen Dialog zu treten. Ich habe dabei das Gefühl gehabt, förmlich in die Haut eines anderen zu schlüpfen, seine Gedanken zu denken und seine Gefühle zu fühlen. Die Antworten, die wir uns dabei geben, entsprechen keineswegs immer unseren Erwartungen. Das aufschlussreichste Erlebnis jedoch war für mich, einen Dialog mit meinen alten Tagebüchern zu führen.

Ich habe das schriftlich gemacht, und Sie sollten das auch unbedingt schriftlich tun, denn ich kann Ihnen versprechen, dass die Antworten Sie überraschen werden. Sie können dabei ja ganz offen sein, denn wenn Sie wollen, wird niemand Ihre Aufzeichnungen lesen. Ihnen aber können sie so viele Aufschlüsse geben, dass Sie nie mehr darauf verzichten wollen.

Hier ein Beispiel:

Auszug aus dem «Gespräch mit meinem Tagebuch»

Ich:

Das ist gar nicht so einfach, ein Gespräch mit einem Tagebuch zu führen. Ich weiss gar nicht wie man das macht.

Tagebuch:

Fang doch einfach mal an und frag mich was. Du hast es ja noch nicht einmal versucht.

Ich:

Also gut. Dann sag mir doch einmal, was hätte ich denn damals aus Dir erkennen können, wenn ich meine Eintragungen in Dich mit offenen Augen gelesen und verstanden hätte?

Tagebuch:

Du hättest damals schon ganz klar erkennen können, wo Deine Stärken liegen und Dir manchen langen Umweg erspart. Du hättest bemerkt, dass immer schon die Leute mit ihren Problemen zu Dir kamen und Du fast immer eine Lösung oder zumindest einen Rat für sie hattest. Ausserdem hättest Du erkannt, dass Dir das Ganze auch noch Spass macht.

Ich:

Stimmt, das hätte ich tatsächlich merken müssen, und es ist mir heute unerklärlich, dass ich es nicht bemerkt habe.

Tagebuch:

Niemand bekommt eine Antwort, bevor er eine Frage stellt, und ausserdem bekommt er noch eine falsche Antwort, wenn er die falsche Frage stellt.

Ich:

Was wäre denn heute eine «richtige» Frage?

Tagebuch:

Heute führst Du kein Tagebuch mehr, weil es Dir irgendwann einmal zu albern erschien und Du diese Teenager-Angewohnheit
ablegen wolltest, aber Du könntest erkennen, welchen praktischen Nutzen auch heute noch ein Tagebuch für Dich haben
könnte. Wenn Du aber schon kein Tagebuch mehr führen willst,
so könntest Du wenigstens öfter mal mit mir ein Gespräch führen
und mich fragen.

Ich:

Wie soll ich denn heute ein Gespräch mit Dir führen, wenn es Dich
gar nicht gibt?

Tagebuch:

Du mit Deinem komischen Sinn für «Realität», dabei genügt es
doch, mich zu schaffen und sei es nur in Deiner Vorstellung. Du
sprichst ja auch jetzt mit mir, obwohl Du gar kein Tagebuch hast.

Ich:

Also gut, das sehe ich ein, es geht also; aber was soll ich denn nun
heute erkennen können, wenn ich Dich frage?

Tagebuch:

Zum Beispiel, dass Du zuviel Ballast durch Dein Leben schleppst.

Ich:

Was heisst das denn nun schon wieder?

Tagebuch:

Das heisst, dass Du Dein Handeln zu oft von den Wünschen der anderen bestimmen lässt, anstatt nur danach zu fragen, ob es das Richtige ist.

Ich:

Das hört sich gut an, aber wie findet man diesen optimalen Schritt?

Tagebuch:

Man findet alles nur, wenn man danach sucht. Das steht schon in der Bibel. Fange also an, danach zu suchen. Frage Dich, wenn Du unsicher bist, mit welchem Schritt diese Situation optimal gelöst werden könnte, und schon hast Du ihn. Oder frage mich!

Meilensteine meines Lebens (Schlüsselerlebnisse)

1.) Als ich 3 oder 4 Jahre alt war, musste meine Mutter mich einmal nachts im dunklen Wald stehen lassen, weil sie nicht gleichzeitig meine Schwester tragen, ihr Fahrrad schieben und mich an
der Hand halten konnte. Etwa eine Stunde musste ich warten, bis
sie mich endlich abholen kam. Ich habe mich nicht einen Moment
gefürchtet, obwohl ich ein ängstliches Kind war.
Das zeigt mir, dass ich ein unerschütterliches Urvertrauen in die
Welt habe, dass ich einfach von tief innen her weiss, dass alles in
Ordnung ist. Dieses Urvertrauen war in meinem ganzen späteren
Leben durch nichts zu erschüttern.

2.) Ich war etwa 5 Jahre alt, als ich einmal ein Stück mit einem
Zigeunerwagen mitging, weil das so interessant war. Natürlich
merkte ich mir ganz genau, wo der Wagen jeweils abbog, damit
ich auch den Heimweg fände. Leider stellte ich fest, dass ich mir
den Weg doch nicht genau genug gemerkt hatte und stand traurig
am Strassenrand, als mich ein Passant an der Hand nahm, um mir
zu helfen. Zu allem Pech war ich da gerade bei meiner Grossmut-
ter zu Besuch, und ich hatte keine Ahnung, wie meine Grossmut-
ter mit Familiennamen hiess, und auch den Strassennamen
kannte ich nicht. Anschliessend beschrieb ich aber die Gegend
gut genug, so dass ich endlich wieder dort abgegeben werden
konnte.
Seitdem habe ich gelernt, alle Vorhaben sehr sorgfältig vorzube-
reiten, das Risiko möglichst klein zu halten und auch bei der
Durchführung sehr umsichtig zu sein. Das ist jetzt zu einem wich-
tigen Teil meines Verhaltens geworden, und ich bin noch heute
dankbar für dieses damals recht unfreundliche Erlebnis, das mir
aber so wichtige Verhaltensweisen derart tief einprägte, dass sie
heute noch mein Handeln bestimmen, nach dem Motto: «Die
Vorbereitung ist die Entscheidung».

3.) Nach dem Gymnasium absolvierte ich eine Schreinerlehre,
weil ich einmal Innenarchitekt werden wollte. Im dritten Lehrjahr
bekam ich vom Meister den ehrenvollen Auftrag, die gesamte

Aussteuer für seine Tochter zu machen und das, obwohl er 5 Gesellen und einen Altgesellen hatte. Bevor ich noch anfangen konnte, hörte ich zufällig ein Gespräch eines Gesellen mit dem Meister über mich, in dem der Geselle meinte, dass ein so unerfahrener Lehrling mit diesem Auftrag doch wohl reichlich überfordert sei. Das war mir eine ungeheure Herausforderung, und ich habe so präzise gearbeitet, dass es mich selbst überraschte zu sehen, was ich alles konnte. Die Frisierkommode wurde mein Gesellenstück, und ich bestand die Prüfung mit «Sehr gut», obwohl es 32 Prüflinge waren, darunter vier Meistersöhne.

Ich habe später im Leben noch oft Herausforderungen angenommen, aber dieses erste Mal hat mich geprägt und mir gezeigt, dass wohl in jedem Menschen mehr steckt, als man selber mitunter glaubt, nach dem Motto: «Niemand weiss, was er alles schaffen kann, bevor er es versucht hat».

4.) Als ich dann meine erste Jugendliebe kennenlernte - sie war gerade erst vierzehn geworden - und wir endlich miteinander «gehen» durften, da war ich der glücklichste Mensch der Welt. Es dauerte aber nicht lange, da merkten die Eltern, dass diese Bindung fester wurde und über eine harmlose Jugendfreundschaft hinausging, und es meldete sich die Vernunft. Immerhin war es ihre einzige Tochter, und sie waren ziemlich vermögend. Mich mochten sie zwar gut leiden, aber das alles reichte offensichtlich nicht aus, und Vermögen hatte ich nicht. So legte man uns immer grössere Steine in den Weg, bis sie es nach 6 Jahren geschafft hatten, uns zu trennen.

Hier habe ich zum ersten Mal erfahren müssen, dass viele Menschen den Wert eines anderen an seinem Geld messen. Bis dahin hatte mir Geld absolut nichts bedeutet, ich hatte ohnehin keines, aber da habe ich mir vorgenommen, einmal viel Geld zu haben. Ich glaube, dass ich einen grossen Teil meines späteren wirtschaftlichen Erfolges diesem sicher noch heute unbewusst wirkenden Antrieb verdanke.

5.) Sofort, als ich meine Frau zum ersten Mal gesehen habe, wusste ich: «Die oder keine». Ich machte ihr gleich am ersten Tag unserer Bekanntschaft einen Heiratsantrag. Inzwischen sind wir bald 20 Jahre verheiratet, und wir sind noch immer glücklich, dass wir uns gefunden haben, und wir haben gerade durch unsere Verschiedenheit viel voneinander gelernt - und lernen heute noch. Dieser Prozess hat mir gezeigt, dass eine Ehe, wenn sie gut sein soll, erarbeitet werden muss, und dass man manches Mal über seinen eigenen Schatten springen muss, wenn man erkennt, dass der andere den erforderlichen Schritt nicht machen kann. Man lernt dabei, sich selbst zu überwinden, aber der Lohn ist die Versöhnung, die immer schöner wird, je länger sie dauert.

6.) Als mein Sohn geboren wurde, war ich voller Freude. Endlich hatte ich einen Sohn für mich ganz allein. Doch bald erkannte ich die Verantwortung, die ich damit übernommen hatte. Ich musste mich mit Erziehungsfragen beschäftigen, von denen ich keine Ahnung hatte, und es dauerte lange, bis ich erkannte, dass wahre Erziehung nicht heisst, dem Kind einzuprägen, was man selbst für richtig hält, sondern ihm zu helfen, zu sich selbst zu finden, um seinen Weg zu gehen. So haben wir es uns anfangs nicht leicht gemacht, bis wir wirklich Partner und Freunde wurden. Als dann später meine Tochter geboren wurde, hatte sie es schon leichter mit mir, weil ich meine Lektion schon einigermassen gelernt hatte.
Das hat mir geholfen, die einem Menschen oder einer Sache innewohnende Ordnung zu erkennen, und wo sie nicht gleich zu erkennen war, danach zu suchen, bis ich sie gefunden hatte.

7.) Endlich war ich Heilpraktiker. In meiner langjährigen Tätigkeit als Unternehmer und später als Unternehmensberater habe ich nämlich immer wieder feststellen müssen, dass die Finanzen bei einem Klienten nicht stimmten, weil er selbst nicht in Ordnung war, und so sah ich es als meine Aufgabe an, ihm zu helfen, wieder in die Ordnung zurückzufinden, damit meine Hilfe nicht nur äusserlich blieb. Das zwang mich, immer gründlicher hinter die Menschen und Dinge zu sehen und die Wirklichkeit hinter dem Schein immer deutlicher zu erkennen. Allmählich wurde das zur Gewohnheit, und heute gebe ich mich nicht mehr mit dem äusseren Schein zufrieden, sondern gehe den Dingen auf den Grund. Das führt dazu, dass ich allmählich immer deutlicher die geistigen Gesetze erkenne, die unser Leben bestimmen, die uns aber willig dienen, wenn wir sie kennen und beachten.

Natürlich kann man auch geistig Tagebuch führen, indem man sich jeden Abend, vielleicht vor dem Einschlafen, einige Minuten Zeit nimmt, um den Tag noch einmal an seinem geistigen Auge vorüberziehen zu lassen. Dabei kann man deutlich erkennen, welche Eintragungen an diesem Tag in das Buch des Lebens und damit des Schicksals erfolgt sind. Man kann erkennen, was man noch nicht gut gemacht hat, kann sich vorstellen, wie man es hätte machen sollen und sich vornehmen, es von nun an so zu machen; aber man kann sich auch erfreuen an den Situationen, die man bereits gut gelöst hat und sich so ein «imaginäres Erfolgserlebnis» bereiten. Da das Unterbewusstsein ein solches Erlebnis nicht von der Realität unterscheiden kann, wird es zur inneren Realität und damit allmählich zur Gewohnheit und letztlich zum Teil unserer Persönlichkeit. Wenn Sie ernsthaft und regelmässig mit dieser Form der Selbstforschung und Selbstüberwachung fortfahren, werden Sie den grössten Nutzen daraus ziehen und Ihre Entwicklung enorm beschleunigen.

Die Tagesbilanz

*Jeden Abend sollten wir den Tag noch einmal an unserem inneren
Auge vorbeiziehen lassen und uns fragen:*

Was habe ich heute gesagt oder getan?
Was davon war wichtig, was war unwichtig?
Was wollte ich erreichen, was davon habe ich erreicht?
Was war falsch?
Wie hätte es richtig sein müssen?

In der Imagination umdenken und positiv erleben!

Jeden Morgen sollten wir uns fragen:

Was will ich heute erreichen?
Wie erreiche ich es am besten?
Was will ich auf jeden Fall vermeiden?
Wie möchte ich mich verhalten?

Innere Reinigung!

Ich versöhne mich mit allen Menschen, mit denen ich derzeit
nicht in voller Harmonie bin.
Ich versöhne mich vor allem mit mir und nehme mich so an, wie ich
derzeit noch bin.
Ich distanziere mich aber von allem Negativen, wende mich inner-
lich ganz dem Positiven zu und bejahe es.

Mehrmals täglich

stelle ich mir in der Imagination vor, Licht und Gesundheit durch-
strömt mich.
Kraft und Harmonie erfüllen mich.
Ich bin ein harmloser Teil der allumfassenden Harmonie!

Mehrmals täglich

danke ich für das, was ich an Positivem habe.

Der Naturszenen-Test

Dieser Test zeigt die Lebenssituation eines Menschen, und man braucht kein Psychologe zu sein, um die Aussage einer solchen Zeichnung werten zu können. Es kommt nur darauf an, dass man sich dabei entspannt und vor seinem geistigen Auge eine Naturszene entwickeln lässt, sich also nicht willentlich eine bestimmte Landschaft vorstellt, obwohl auch diese meist ebenfalls die aussagekräftigen Merkmale enthalten würde.

Bestimmte Merkmale tauchen dabei immer wieder auf, wie z.B.:

Fluss, Wasserfall	– Starke, geistige Kraft, weil Wasser (geistig) in Bewegung ist.
Blühende Bäume oder Kornfelder	– Soziale Fähigkeiten und Ambitionen. Ist interessiert am Wohlergehen der anderen.
Eine Brücke	– Man hat die Fähigkeit, eine Verbindung zu schaffen, aus dem Nebeneinander ein Miteinander zu machen.
Grosser Berg im Vordergrund	– Problem in der Familie oder in der unmittelbaren Umgebung.
Tannen	– Überempfindlichkeit, starke Sensibilität.
Bäume mit hängenden Ästen	– Resignation. Hat aufgegeben.
Keine Sonne	– Keine Wärme im Leben, kein Inhalt. Hat dadurch auch selbst keine Ausstrahlung.
Wüste	– Innere Leere, ausgebrannt. Das Leben wird als leer empfunden.
Starke Sonne in Orange	– Dominierender Vater oder sonstiges Vaterproblem.

135

Wege	– Sind Möglichkeiten. Wer viele Wege hat, findet auch im Leben immer einen Weg, wer aber keine Wege hat, der weiss auch nicht weiter. Endet ein Weg im Nichts, dann geht es nicht weiter.
Steine	– Probleme
Berg mit Eisspitze	– Gefühlsblockade, wirkt kühl, kann aber nur seine Gefühle nicht zeigen.
Meer	– Grosse oder tiefe Seele.
Dunkle See	– Unbewusste Inhalte sind zu bearbeiten
Mehrere Berge	– Andere Persönlichkeiten, die das eigene Leben beeinflussen.
Schloss	– Wünsche
Burg	– Zurückgezogenheit, unerreichbar sein wollen.
Aufgehende Sonne	– Kraft, Aktivität
Untergehende Sonne	– Nachlassende Energie. Loslassen.

Da man vom Bild her oft nicht unterscheiden kann, ob die Sonne auf oder untergeht, muss man fragen. Ansonsten genügt es, wenn man ein Bild in Ruhe auf sich wirken lässt, die Ausstrahlung des Bildes aufnimmt, seine Atmosphäre, um zu wissen, in welcher Welt derjenige lebt, der das Bild gezeichnet hat. Fragen Sie sich, ob es harmonisch wirkt oder disharmonisch, ruhig oder unruhig usw.

Das erste Bild wirkt deutlich harmonisch und friedlich, nur der schwarze Strand fällt auf. Am Übergang zum Meer, also zum see-lischen Bereich scheint zwar eine starke Sonne, aber das Paar hat sich etwas von dem Weg entfernt, hat sich zurückgezogen.

Auch bei dem zweiten Bild scheint eine starke aufgehende Sonne, die die Aktivität des Zeichners anzeigt, besonders im seelischen Bereich. Auch die Schönheiten des Lebens (Blumen) kommen nicht zu kurz, aber es gibt eine Wolke über seinem Standort, sein Leben wird also von etwas bewölkt. Die Burg als Behausung zeigt, dass er sich derzeit zurückgezogen hat, nicht erreichbar sein will, doch mit der Fahne zeigt er ganz bewusst seinen Standort, so als wolle er sagen: «Ich habe mich ganz bewusst hier auf die Höhe des Berges (Persönlichkeit) in die Einsamkeit zurückgezogen, aber ich bin da, ich bin zu Hause». Das grosse Meer zeigt die grosse Seele, eine Persönlichkeit, die in sich ruht. Das dritte Bild strahlt viel Frieden aus, doch die Tannen zeigen auch die Sensibilität. Die Ruhe wird benötigt, um sich von den Anforderungen des Lebens zu erholen. Auch bei der Sonne ist nicht zu erkennen, ob es sich um eine auf- oder eine untergehende Sonne handelt, doch spricht das ganze Bild für eine untergehende Sonne, für Loslassenwollen. Bei aller Ruhe aber ist auch die geistige Aktivität vorhanden, wie der Bach im Vordergrund zeigt, nur die Wege fehlen, es muss also noch ein Weg gefunden werden.

Das vierte Bild mit den Kühltürmen zeigt eine deutlich problematische Situation, hier ein sexuelles Problem. Es sind wohl eindeutig Phallussymbole und gleich drei, die aber als Kühltürme bezeichnet werden, so als ob der Zeichner damit ausdrücken wolle, seine Sexualität müsse abgekühlt werden. Dieses Problem steht so im Vordergrund des ganzen Seins, dass sonst nichts mehr wahrgenommen wird, die Zeichnung enthält keine andere Aussage. Hier braucht jemand offensichtlich Hilfe.

Beim fünften Bild steht der Baum im Mittelpunkt, also das ICH. Der Stamm ist nicht besonders stark, somit ist das Bewusstsein nicht besonders stark entwickelt, dafür aber die Wurzeln und damit das Unterbewusstsein. Der Zeichner oder die Zeichnerin, wohl in diesem Fall, lebt sehr stark aus dem Unterbewusstsein. Die Krone des Baumes ist nicht vorhanden, hat sich also nicht entwickeln können, weil die Sonne den dafür benötigten Platz einnimmt. - Das könnte ein Hinweis darauf sein, dass ein Ideal die Entwicklung eigener Ideen hemmt, dass man sich dem Höheren beugt.

Das letzte Bild ist einfach so in Ordnung, dass man dazu wohl nichts zu sagen braucht. Hier fühlt sich jedermann in seinem Leben so richtig wohl, wenngleich auch ein paar Wolken vorüberziehen, doch die können das Bild nicht stören.

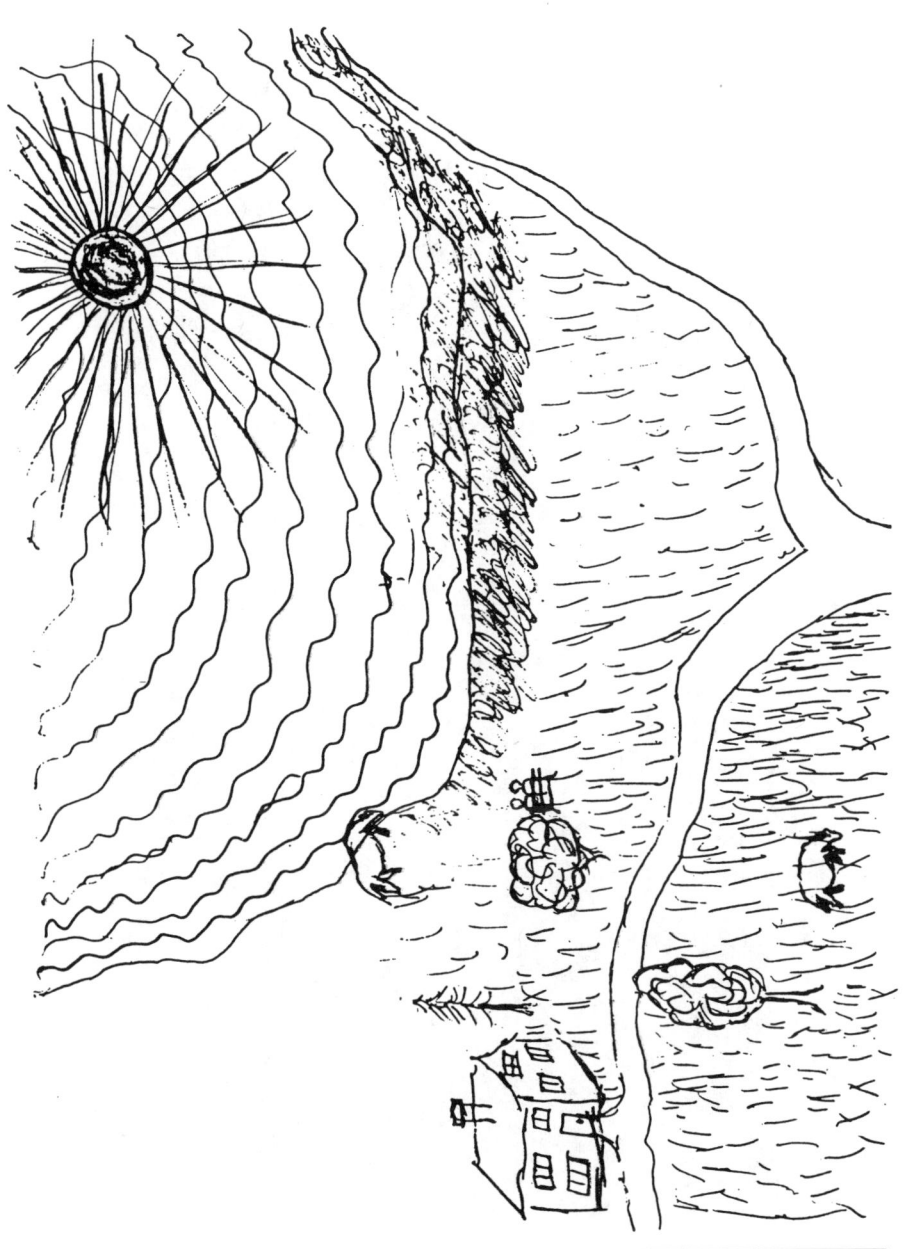

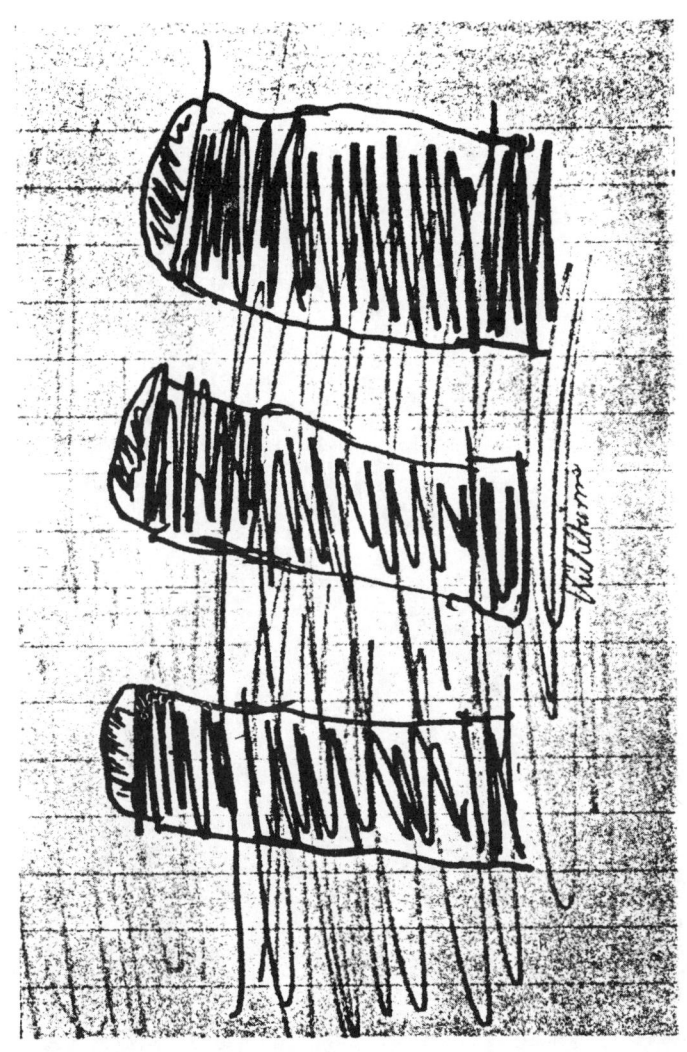

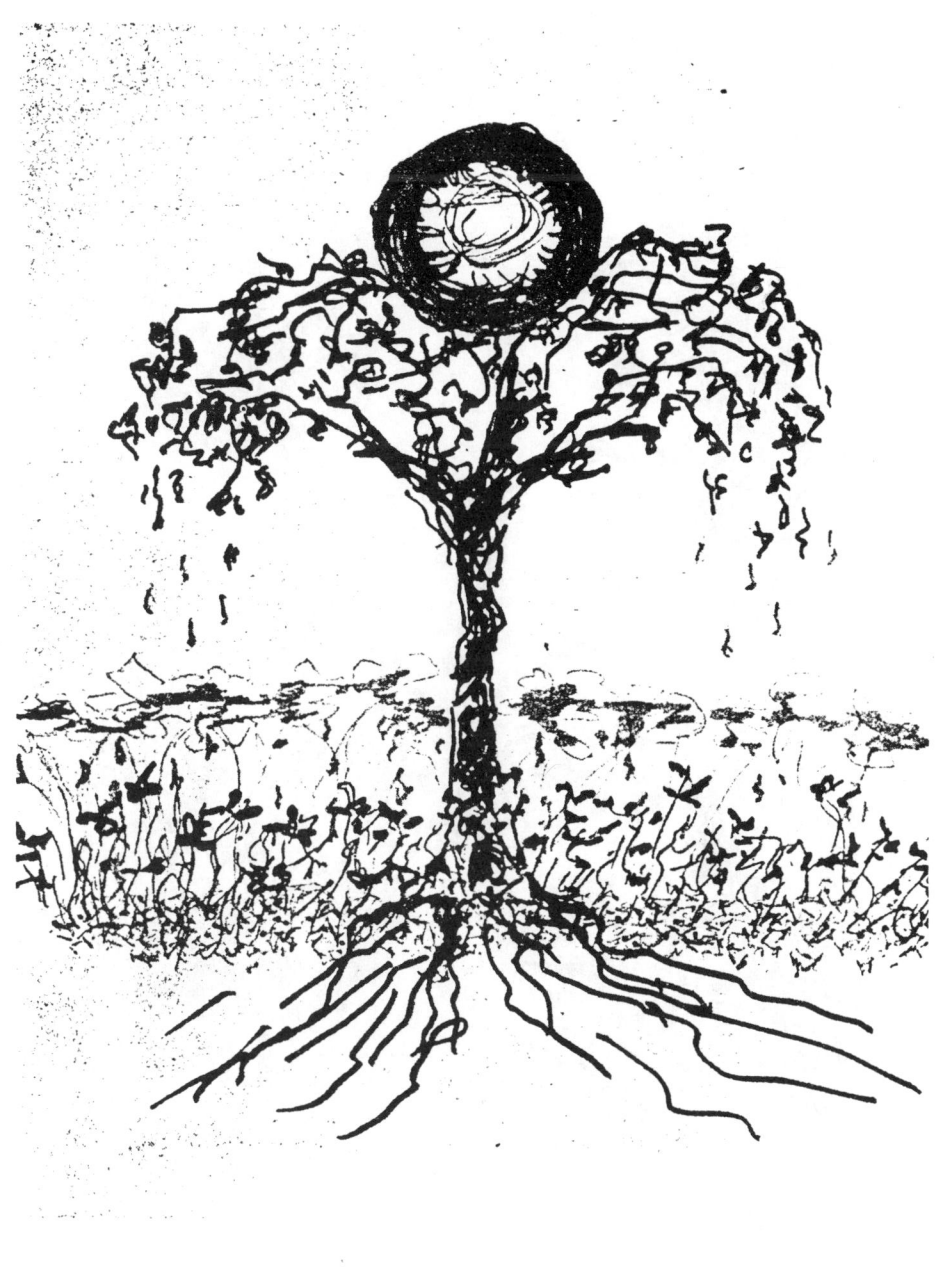

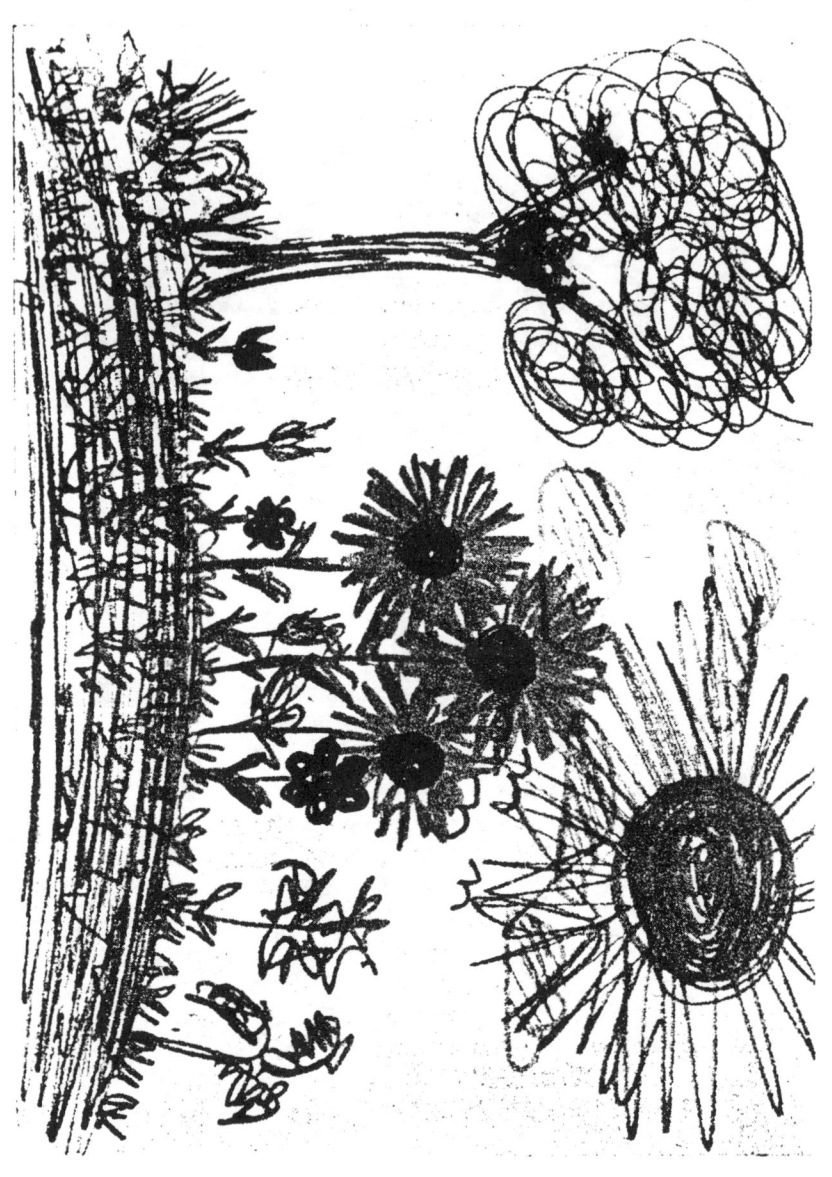

Der Imaginations-Test

Bevor wir etwas wirklich begreifen können,müssen wir uns ein Bild davon machen. Die Art dieses Bildes aber lässt uns tief in unser Wesen schauen. Sie können das ganz leicht feststellen, indem Sie sich einmal ein Bild machen von so abstrakten Begriffen wie: Gott, Sicherheit, Freiheit oder Liebe. Einfach die Augen schliessen und den Begriff einige Male in Gedanken oder sogar halblaut wiederholen und warten, welche bildhafte Vorstellung auf Ihrem geistigen Bildschirm erscheint. Die Antwort zeigt deutlich Ihre typischen Eigenarten und lässt auch erkennen, wo es fehlt.

Wenn Ihnen Sicherheit z.B. als Kinderwagen erscheint, dann zeigt dies,dass Sie nicht genügend Selbstvertrauen haben und noch nicht bereit sind, die volle Verantwortung für sich zu übernehmen, dass Sie wahre Sicherheit nur empfunden haben, als Sie noch klein waren, im Kinderwagen lagen und ein anderer für Ihre Sicherheit sorgte, und dass Sie auch jetzt wünschen, dass ein anderer für Ihre Sicherheit sorgt.

Erscheint Ihnen Sicherheit aber als Bild eines geschlossenen Raumes, dann haben Sie unbewusste Ängste und möchten sich abschirmen gegen eine äussere Welt, die Sie verunsichert.

Ein junger Mann hat mir einmal sein Bild von Sicherheit so geschildert: «Ich sitze in einem Flugzeug und fliege über eine Stadt. Niemand kann mich erreichen, und ich schiesse mit einem Maschinengewehr auf die Leute». Tatsächlich war er voller Aggressionen, dass man kaum mit ihm sprechen konnte; dabei hatte er nur Angst, und als es uns gelungen war, die Angst aufzulösen, waren auch seine Aggressionen verschwunden.

Oder der Begriff Liebe: Man kann ihn erleben als Bild einer Mutter, die ihr Kind liebevoll in den Armen wiegt und glücklich ist, dass sie es hat, aber auch als Bild eines Geschenkes, das man jemandem macht. Beim ersten Bild kommt es darauf an, ob man für jemand da ist oder ob man sich mit dem Kind identifiziert, dann möchte man Liebe haben, ist Liebe etwas, das man von aussen erwartet. Beim zweiten Bild hat man erkannt, dass Liebe immer nur etwas sein kann, was man gibt und je mehr man davon verschenkt, desto glücklicher wird man.

Interessant ist es auch, das Wort «Arbeit» einmal zu imaginieren. Sehe ich da einen Platz, wo ich mein Geld verdiene. Ist Arbeit Anstrengung oder Aufgabe?

Eine interessante Variante ist die Vulkanübung. Hier stellt man sich in der Imagination einen hohen Berg vor und lässt diesen Berg dann als Vulkan ausbrechen. Bildhaft kann man dabei endlich einmal alles rausschleudern, und es kann sehr aufschlussreich sein, was da alles rausgeflogen kommt, oft Hinweise auf Erlebnisse, die man längst erledigt geglaubt hat, dabei waren sie nur verschüttet.

Ist dann der Ausbruch vorbei, lassen Sie es einmal gründlich regnen, damit der Krater abkühlen kann, und schauen Sie dann hinein. Sehen Sie den Dingen auf den Grund. Was hat die Eruption verursacht? Was war der wahre Grund? Hier erwartet Sie manche Überraschung.

Eine andere Überraschung können Sie erleben, wenn Sie einmal imaginieren «Ich sehe mein wahres Selbst» oder «Ich sehe mich, wie ich wirklich bin». Oder «Ich sehe die Ursache meiner Krankheit».

Interessant ist es auch, sich einmal in die Situation eines anderen zu versetzen. Wenn Sie sich wirklich in ihn hineinversetzen, werden Sie plötzlich ganz andere Gefühle haben, anders denken und reagieren und wahrscheinlich den anderen viel besser verstehen.

Sie sehen, dieser Imaginationstest bietet viel mehr Möglichkeiten, als man auf den ersten Blick vermuten möchte. Dabei habe ich nur einige Beispiele gegeben, sonst könnte man auch darüber ein ganzes Buch schreiben.

Nachwort

Es hat mir viel Freude gemacht, die vorliegenden Tests für Sie zusammenzustellen und als Buch herauszubringen. Viele Jahre lang haben sie mir in meiner Praxis geholfen, die Menschen und Ihre Situation schneller und klarer zu erfassen, um gezielter helfen zu können.

Wenn Sie die gegebenen Möglichkeiten nutzen, haben Sie damit jederzeit einen Weg, nicht nur die Situation der anderen leichter zu erfassen, sondern auch die eigene Situation zu überprüfen, um fällige Korrekturen rechtzeitig vornehmen zu können. Auch ist es interessant, die Tests mit sich von Zeit zu Zeit zu wiederholen, um die eigenen Fortschritte sichtbar zu machen. Natürlich ist es auch hilfreich, Fähigkeiten und Schwächen der eigenen Kinder so festzustellen, um ihnen besser helfen zu können, zu sich selbst zu finden, den eigenen Weg zu erkennen und zu gehen. Heraklit hat gesagt: «Alles fliesst». Mit diesem Buch haben Sie ein zuverlässiges Instrument, den Fluss der menschlichen Entwicklung bei sich und anderen zu verfolgen, um vielleicht diese wunderbare Schöpfung ein bisschen besser zu verstehen. Wenn es mir gelungen sein sollte, dazu mit meinem Buch etwas beizutragen, hat es seinen Zweck erfüllt.

Ich wünsche Ihnen jedenfalls soviel Freude und Nutzen, wie ich dadurch hatte und noch immer habe.

Prof. Kurt Tepperwein

L e s e r s e r v i c e

Prof. Kurt Tepperwein persönlich erleben:

Wünschen Sie tiefer in das Thema dieses Buches einzusteigen und die Chance nutzen, Kurt Tepperwein live zu erleben?

Wie bieten Ihnen die folgenden Seminare und Ausbildungen an:

❑ Ausbildung zum dipl. Lebensberater
❑ Ausbildung zum dipl. Intuitions-Trainer
❑ Ausbildung zum dipl. Bewusstseins-Trainer
❑ Atman-Seminar (Durchbruch zur Wirklichkeit)
❑ Perlen der Weisheit-Seminar
❑ Tepperwein-Prozess-Seminar
❑ Ferienakademien

❑ Heimstudienlehrgang zum dipl. Lebensberater
❑ Heimstudienlehrgang zum dipl. Mental-Trainer
❑ Heimstudienlehrgang zum dipl. Intuitions-Trainer
❑ Heimstudienlehrgang zum dipl. Seminarleiter
❑ Heimstudienlehrgang zum dipl. Erfolgs-Trainer

❑ Gesamtseminar- und Ausbildungsprogramm der Akademie FKP
❑ Neuheiten Bücher, Audio- und Videoprogramme

Verlangen Sie Ihre gewünschten Informationen bei:

Schweiz + Österreich
Akademie FKP
Postfach - St. Markusgasse 11
FL-9490 Vaduz

075 233 12 12 Telefon
075 233 12 14 Fax

Deutschland
Beratungssekretariat
0911 69 92 47 Telefon/Fax

Kurt Tepperwein

Dein Zahlenschlüssel

Der Autor macht uns mit der Essenz des uralten numerologischen Wissens vertraut. Durch einen Zahlenschlüssel erfahren wir Entscheidendes über unsere Fähigkeiten und Eigenschaften, die wir aus früheren Leben mitgebracht haben und über unseren „geheimen Persönlichkeitskern", die wir normalerweise nicht preisgeben. Wir erkennen den Sinn unseres Lebens und unsere Hauptcharaktereigenschaften. Wir haben die Möglichkeit, durch unseren Zahlenschlüssel unser Schicksal selbst zu gestalten und unsere Lebenssituation aktiv zu verbessern.

ISBN 3-931 652-19-X
broschiert, 136 Seiten, DM 19,80

Jean-Marie Paffenhoff

Die Engel Deines Lebens

Wie Du mit ihnen Kontakt aufnimmst

Ein Buch über unsere drei unterschiedlichen Schutzengel und darüber, wie wir mit ihnen in Verbindung treten können.

Es werden die Zusammenhänge der Schutzengel zur Bibel, zur Kabbala und zum hebräischen Alphabet erläutert.

Der Autor gibt außerdem eine Einführung in das System der Kabbala mit Meditationstechniken.

ISBN 3-931 652-17-3
gebunden, 304 Seiten, DM 33,00

Edith Fiore

Besessenheit und Heilung

Die Befreiung der Seele

Dieses Buch das ausführlich das Phänomen der Besessenheit entmystifiziert, beschreibt Diagnose- und Heilungsmöglichkeiten bei Besessenheit, und zeigt wirksame Wege aus problematischen Seelenzuständen.

Ein Buch für Therapeuten und Laien mit praktischen Anleitungen.

ISBN 3-931 652-08-4
gebunden, 224 Seiten, DM 29,80

Beate Bock

Un-Mögliches möglich machen

Dieses Buch ist für Menschen geschrieben, die ihr Leben in einfacher Weise positiv verändern wollen. Die Autorin stellt Übungen vor, die im alltäglichen Leben mit erstaunlicher Leichtigkeit anzuwenden sind. Ziel der Autorin ist es, uns wieder mit unserer Herzensenergie in Kontakt zu bringen und uns in unserer Eigenverantwortung zu stärken.

ISBN 3-923 781-67-9
broschiert, 162 Seiten, DM 24,80

Heinrich H. Hrdlicka

Der Zufall
und seine Gesetzmäßigkeit
Liebesbotschaften der Engel

In diesem Buch geht es darum, ein neues Verständnis für unser Leben zu entwickeln und die Situationen, die uns zu-fallen, im Sinne einer höheren Ordnung zu deuten.
Durch die Verbindung zu den Engelwesen, die uns liebe- und humorvoll zur Seite stehen, lernen wir, mit dem Alltag anders umzugehen, in negativen Ereignissen einen Sinn zu sehen, Leid anzunehmen und in Liebe umzuwandeln.

ISBN 3-923 781-85-7,
gebunden, 190 Seiten, DM 29,80

Dick Sutphen

Das Orakel in Dir

Dieses Buch gibt Ihnen auf alle möglichen Fragen eine direkte Antwort. Ihr »Höheres Selbst« oder Überbewußtsein offenbart Ihnen die für Sie richtigen Botschaften, indem Sie das Buch »zufällig« auf irgendeiner Seite aufschlagen.
Sie können sich natürlich auch jeden Tag von den 250 Botschaften inspirieren lassen. Es werden lebensnahe spirituelle Wahrheiten vermittelt, die Ihnen in jeder Lebenssituation weiterhelfen.

ISBN 3-923 781-73-3
broschiert, 276 Seiten, DM 29,80

Dr. Anagarika Mahanamo

Geheimnis der Vitalität

**Gesundheit,
Lebenskraft
und Verjüngung
durch einfache taoistische Übungen**

Dieses Buch zeigt, wie der westliche - häufig gestreßte - Mensch durch einfache taoistische Körper- und Atemübungen den Körper entscheidend vitalisieren, harmonisieren und verjüngen kann.
Es ist ein Juwel für alle, die mit wenig Zeitaufwand durch Übungen, die Freude machen, Vitalität, Gesundheit und Lebensfreude bis ins hohe Alter erfahren möchten.

ISBN 3-923 781-95-4
gebunden, 126 Seiten, DM 19,80

Karl Everding

Jeder ist ein Feuerläufer

Feuerlaufen hat eine sehr alte Tradition und in vielen Kulturen ein wichtiges Initiationsritual. Der Psychotherapeut Everding leitet Transformations- und Feuerlaufseminare und bildet Feuerseminarleiter aus. Er beschreibt die inneren psychischen und emotionalen Prozesse, die vor, während und nach dem Feuerlaufen auftreten. Es wird aufgezeigt, welche enormen Chancen die Teilnahme an einem Feuerlaufseminar bieten, um festsitzende innere Blockaden und besonders Ängste aufzulösen, alte Verhaltensstrukturen zu sprengen und im Alltag Grenzen zu überschreiten.

ISBN 3-931 652-09-2
broschiert, 145 Seiten, DM 24,80